# コロナの倫理学

森田浩之
Morita Hiroyuki

論 創 社

# まえがき

「コロナの倫理学」といっても、もちろんウイルスに徳を求めているわけではなく、言うまでもなく「コロナ禍における人間倫理学」のことである。本書は、ふたつの意味で、普遍的なテーマを扱っている。

本文自体は2021年4月から7月にかけて書いた。だから、その当時の記事を多く引用したが、私の感覚では2020年2月から2021年7月末（オリンピック期間中）までの記録であり、かつ、コロナ禍全体に共通した話として一貫していると考えている。書いていた時期、引用した記事の日付に関係なく、コロナに関わる普遍的なテーマを扱ったつもりである。

本書は第一義的にはコロナ禍を克服するための思想について書いたが、根底の理念はコロナだけに限らない。社会の課題は国家権力だけでは解決できず、個々人の行動が変わらなければならないという意味でも、普遍的なテーマである。

日本の場合は「ロックダウン」（都市封鎖）は不可能だった。飲食店に「自粛」を要請するのではなく、一般市民の外出を禁止する法的な強硬措置である。4章で詳述するが、ヨーロッパでは外出するのに許可証が必要で、人気《ひとけ》のない街を徘徊すると、警官が寄ってきて、許可証を見せろ、と言う。

日本では、ここまではできなかったので、ひとりひとりの自主的な行動変容に依存した。その結果、オリンピックという晴れの舞台で、感染者数の新記録を更新するという失態を世界中にさらしてしまった。日々のニュースを見ていて、メダル数と感染者数が競争をしているのではないかという錯覚に襲われたくらいだった(ただし、諸外国と比べれば、感染者の絶対数でも、人口比でも、日本が桁違いに少ないことは公平につけ加えておくべきだろう)。

国家権力の限界を個人の行動変容で解決するという方法は、実は、地球温暖化対策にも当てはまる。強権をふるって温室効果ガスの排出を取り締まるのは、政府の越権行為である。しかし使わない電気をこまめに消して省エネを実践するかどうかは、個人の行動変容に任される。

ゴミ問題も同じ。私は「プラスチック税」なんてものを導入してもいいと思っているが、そんなことをしたら国民の反発を招いてしまう。だから、せいぜいレジ袋を有料化することくらいしかできないが、量的には、これは焼け石に水で、そもそもコンビニやスーパーに並んでいる惣菜用のプラスチック容器や洗剤などのボトル類、さらには回収日に歩道を埋め尽くすペットボトルをなんとかしなければならない。ここでも政府にできることに限界があるから、個人が行動を変えなければならない。

コロナにも、地球温暖化にも、プラスチックのゴミにも、すべてに共通して言えることは、していることと、その帰結とが、一致しないことである。「していること」とは、マスクをしないで会食することであり、使わない電気をつけっぱなしにすることであり、缶コーヒーひとつでレジ袋をもらいつつ、コンビニを出た途端に入り口横のゴミ箱にそのレジ袋を捨てることである（有料化以降、さすがにこういう人は見なくなったが）。しかし「帰結」のほうは、感染して重症化することや医療崩壊であり、一部の地域や後世が暑さや豪雨に苦しめられることであり（もう広範囲で現実になっている）、沿岸地帯がゴミ溜めになったり、レジ袋を飲み込んだウミガメが窒息死することである。

大多数が悪意なく無自覚にやっていることで少数の人が苦しむという構図は、コロナ、地球温暖化、プラスチックのゴミに限らないが、もしこれらを「個人の行動変容」で解決するならば、必要なことは、人間の理性に訴えかける「語り方」なのではないだろうか。

とはいえ、限界があることも承知している。一番の問題は、政府のメッセージが伝わらないことだが、伝わらないことの一因は、伝わらないメッセージ自体にあるかもしれない。けれども、それよりも「媒体」ではないだろうか。そして、それが平時では「正しい」あり方だという矛盾である。

政府が何かを伝えたいとする。ちなみに、この場合、政治的意味合いはない。私はコロナに関しては、政府イコール専門家プラスちょっとした政治的スパイスと見なしている。政府の分科会の構成員や厚生労働省の専門家会合のメンバーを見れば、そして専門家の発言を注意深く聞けば、コロナに関しては政府の言い分は正しいと思う。要するに、政府の公式見解と、専門家がメディアで発言していることとのあいだには、そんなに大きな差はない、ということだ。

とりあえず、コロナに関しては政府の主張は正しいとしよう。なぜみんな言いつけを守らないのか。最大の原因は、本文でくり返し書いたように、「コロナで大変だ」という政府見解やマスコミ報道と、マスクなし会食を何度やっても感染していないという日常感覚とのギャップである。実際に、マスクなし会食をして感染していない人と、感染した人とでは、人数的に、圧倒的に前者のほうが多い。だから「いままで大丈夫だったんだから、次も大丈夫でしょー」となっても不思議ではない。

しかし、これに匹敵するほどの大問題は、政府の見解がどのルートで人に届くのかということである。たとえば、本書を手にとってくださった方（ありがとうございます）は、最初からコロナに関心をお持ちの方だろう。ということは、マスクの着用・手洗い・三密回避を実践されているはずであろう。

喫緊の課題は、コロナに興味がなく、対策を採っていない人に、どう実践してもらうのかということである。そのために政府はメッセージを発しているが、その大半は政府の公式サイトか（だれがわざわざアクセスする?）、マスコミなのではないか。しかし徹夜でマスクなし飲み会をするような若者は、そもそもマスコミの報道なんて見ないだろう（ぜんぜん責めてない。むしろ平時なら称賛したい）。報道といったら、好みのＳＮＳのニュースフィードくらいがせいぜいのところ。

そして、困ったことに、タイムラインに上がってくるものは、その利用者の投稿履歴から推測された好みを反映している。ワクチンの副反応について書き込みをしたら、「こんなひどい副反応がある」という、いかがわしいニュースサイトの記事しか出てこなくなる。それが積み重なると、「ワクチンでマイクロチップが埋め込まれ、５Ｇで追跡される」という絶対にありえない話が、一部で信じられてしまう（マイクロチップの物理的限界と、注射針の物理的限界から、絶対に、絶対にありえない)。

困るのは、平時なら、これは本当に素晴らしい状態だということである。政府の言い分を知らないまま過ごせるなんて、なんと平和なこと。むしろ政府の主張が全国民に行き渡らないことこそが、社会の健全さを示している(みんなが政府の言いつけを守るなんて、怖い、怖い)。しかし、悲しいことに、コロナ禍では、これが裏目に出ている。正しい見解を聞く「機会」がないからだ。

経済に「トリクルダウン」(金持ちの消費によって雇用が増えて、貧困層に富が行き渡るという流れ)があるかどうかは、私にはわからない。これは政治的意見でもあり、私は関わり合いたくない。しかし「正しい見解」のトリクルダウンという希望だけは捨てたくない。正しい見解が、マスコミで一気に拡散するのではなく、伝言ゲームのように人づてで行き渡るということは、あって欲しい。

若者の行動がカギを握るなら、「若者でも重症化する」というメッセージに効果はないと思っている。朝までマスクなし飲み会をしている若者は、そんなに愚かではない。むしろ、「したいことができないというのは申し訳ないけど、それであなたは社会の役に立っている」というポジティブなメッセージこそ求められているのではないだろうか。本書は、そんな思いから、私の体験を中心に、コロナ禍を哲学的に（それほど小難しくなく）考察してみたものである。

『ロールズ正義論入門』に続いて、本書を出版してくださった論創社社長の森下紀夫さんに心よりお礼申し上げたい。そしてコロナについて書くことを勧めてくださったのは、論創社編集部の林威一郎さんである。本文でくり返し述べているように、私はこの1年半「コロナ漬け」だったが、林さんにお声がけいただかなければ、私のコロナの知識が具体化することはなかった。ただただ、感謝の言葉しかない。

# コロナの倫理学　目次

# コロナの倫理学

# 第1章　コロナの基礎知識

## なぜコロナなのか？

哲学を専門とする文系の研究者がコロナに異常に興味を持っている理由は何か。ひとつは私的な理由で、もうひとつは職業的な理由である。

私的な理由は、私が飲食店の大ファンであること。私はそもそも夜は出歩かないから、日中に（モーニングやランチ）行きつけの店をよく利用する。ただ、そこは店内が狭いため、飲食店のガイドラインを完璧に守ることはできない。「テーブル間は最低1メートル空ける」という指針である。*注1

そういう状況で、私は「この店でグループを超えて感染者を出してはならない」という店側の立場と、「ここで私は感染してはならない」という自分の立場の両方を考慮して、店内が狭いという限界をふまえて、どうしたらここで感染者を出さずに済むかを考えてきた。必然的に、コロナのニュースをよく見るようになる。

職業的な理由は「これほど情報が広まっている（はずな）のに、なぜみんな平気でマスクを外すのか」その意識を知りたいというものである。個人の立場に立てば、これは心理学的問いだが、集団的な視点では、これによって世の中がどう崩れていくのかという社会学的問いにもなる。個人と社会をつなぐ世界像を描くためには、コロナ自体について詳しくならなければならない。やはり必然的に、日々、長時間、コロナについてネット検索することになった。

後者の課題を続けるならば、おそらく大半の人が「マスク・手洗い・三密回避」について知っているはずなのに、なぜマスクなしで会話できるのか、その心情を知りたいということである。

頻繁に飲食店に出入りしているから、アルコールの入らない会食の現場は日々よく目撃する。店に入るまではマスクをしているのに、座った途端にマスクを外して、結構大きな声で会話している姿を見ると、「これほど言われているのに、なぜ守らないのだろう」と不思議に思う。いっそのこと質問してみたいが、喧嘩を売っていると誤解されるといけないので、ただ想像するしかない。

ほとんどの人が知っているはずのことだが、改めて、なぜ「マスク・手洗い・三密回避」なのか、おさらいしておこう。

## コロナウイルスとは？

コロナウイルスには実際のところ、たくさんの種類があり、そのうち人間に反応するものは４つある。有名なものはＳＡＲＳ《サーズ》とＭＥＲＳ《マーズ》で、前者は「重症急性呼吸器症候群コロナウイルス」で２００２年から２００３年に中国を中心に流行し、後者は「中東呼吸器症候群コロナウイルス」で２０１２年にサウジアラビアを中心に流行した。だから今回のコロナは「新型」コロナウイルス（COVID-19）と呼ばれる（以下も含め、国立感染症研究所のサイト[*注2]を参考にした）。素人だから、以下は大雑把な記述になり、一部、誤解もあるかもしれないが、一般の方々が直観的に理解することも大事なので、説明を続けよう（正確さを求める方は、国立感染症研究所のサイトをご覧いただきたい）。

ウイルスはとてもとても小さいが、突起物のあるその形が太陽に似ているため、ギリシア語の太陽を意味する「コロナ」という名になった。どんな生物にも遺伝子があるが、生物ではないものの、コロナウイルスも遺伝子でできている。ただし、生物の場合は遺伝子情報を基に、肉や骨や臓器などが形作られるが、ウイルスは遺伝子そのままで、その周りをタンパク質が包んでいるイメージになる。ちなみに、なぜアルコール消毒かというと、手にウイルスがついた場合、アルコールによって表面のタンパク質を溶かすことで、ウイルスの効力を失わせるためである。

さらに不思議なのは、コロナウイルスの遺伝子がRNAによってできていること。人間の場合、遺伝子はDNA（デオキシリボ核酸）でできており、それが人体の各組織を作り上げる際、一度RNA（リボ核酸）に転写される。その機能はまだ完全には解明されていないが、多くの生物ではRNAは補助的な役割しか果たさないから、RNAそのままというのは自然界の謎のひとつである。

ウイルスはRNAがタンパク質で包まれただけの単純な構造だが、それを大量に吸い込んでしまうと人体の内部で悪さをする。経験的な事実として確定していることとして、ウイルスは人体に入ると、2日目にウイルス量が最大になり、5日から6日くらいで発症*注3し、

2週間で外に出ていく。

ウイルスは人間の身体に入ると、その数を増やしていく。これは私が昔、生物学をかじったことがあるので、その知識から想像することになるが、人に反応するコロナウイルスが人間の身体に入ると、人体のなかにある細胞を肥やしにして、その数を増やしていく。人間のタンパク質を素材に、その遺伝情報を大量にコピーするのである。

2020年後半から主にヨーロッパで「変異株」が登場し、同年の暮れから日本国内でも流行しているが、これは人体内でコピーする際の「ミス」が原因である。遺伝情報は新しいタンパク質を材料にどんどんコピーされるが、必ずしも正確に転写されていくわけではない。

これは進化論の知見を拡張した私の想像だが、コピーの「ミス」による変異の数が無数あっても、そのなかで人体に反応する、または以前のウイルスよりも威力を強めるのは、ごく一部なのではないだろうか。無数の変種が登場しても、多くはそのまま消えていくものの、偶然、以前のウイルスよりも、たとえば飛沫《ひまつ》が飛びやすいとか、重症化の確率を引き上げるとか、そういう変異ウイルスがこれまた偶然に人から人に渡されていくことで、流行が拡大するのであろう。

## 感染の仕方

話を戻すと、なんらかの原因でウイルスが人体に入ると、その瞬間からウイルスは人間の細胞を肥やしに自分たちをコピーしていく。コピーによってウイルスの数が増えて、ウイルスをもらってから2日目にウイルス量は最大になる。

そこから潜伏期間を経て発症するが、それはだいたいウイルスをもらってから5日から6日くらいとなる。当初は3日と言われていたが、その後修正された。ウイルスは約2週間で人体から外に出ていくので、発症してから10日後に検査で陰性結果を得ることなしに退院できるという規則になっている。

人体からどう出ていくのかということだが、たいていは尿か便である。風邪の場合も、腐ったものを食べた場合も、吐いたり、下痢になったりするが、これは人体が異物を外に出そうとする正常な働きである。コロナでも発症者は咳、熱とともに下痢を併発する場合があるが、これは人体がウイルスと戦っている証拠である。そしてうまく外に出ていくと、クリーンな身体に戻る。

だから尿と便には気をつけなければならない。尿や便にウイルスは潜伏して、それによって二次感染が起こり得るからである。便では5日、尿では10日も、ウイルスは感染力を保ち続ける。ということなので、トイレはふたをして水を流さなければならない。便器の構造によっては汚水が床に跳ね返り、そこから感染が広がる可能性がある。

この話を知ったのは日本医事新報社のサイトに掲載された「緊急寄稿（1）新型コロナウイルス感染症（COVID-19）のウイルス学的特徴と感染様式の考察」*注4（白木公康）という論文である。発行日は「2020年3月21日」なので、かなり早い段階から、正しい知識を得られる状態であった（とはいえ、実際に多くの人に読まれるかどうかは別の話）。私はこの時点でこの記事をくり返し熟読したことで、かなり自信を持つことができた。

感染の仕方だが、これはご承知のように、飛沫感染と接触感染である。後者から説明すると、これはコロナウイルスだけでなく、普通の風邪でも、インフルエンザでもそうだが、ある人が菌を持っているとする。のどに異物が入ったら、人体は異物を外に出そうと、くしゃみや咳という方法で抵抗を試みる。

ウイルス保持者がくしゃみをして、手のひらで口元を覆う（それでも飛び散る）。手にウイルス入りの唾液をつけたまま、どこかのドアノブを握ったとしよう。そして後から来た別の人がその取っ手を掴み、手を洗う間もなく、その指で鼻をほじったとしよう。これで前の人のウイルスが後の人にうつされて、後の人が風邪をひく。

そういうことを防止するために、石鹸での手洗いか、アルコール消毒が必要になる。手洗いのほうが効果的なのは、手の表面から完全にウイルスをこそぎ落とせるからである。30秒くらい隅から隅まで、丁寧にごしごし洗わなければならない。アルコール消毒は既述のように、洗い流すというよりは、ウイルスを無効力化させる、つまり不活性化させるためのものである。

そして問題の飛沫感染である。言ってしまえば、すべての受難はここから始まり、ここに帰結する。ウイルスを持っている人と近い距離で話をする。ウイルスはのどに入り、そこで増殖するから、話したり、くしゃみや咳で、ウイルス入りの飛沫が外に飛んでいく。その時、もし近くに人がいたら、必ずというわけではないが、その飛沫を吸い込んでしまう。すると、今度はその人ののどでウイルスは増殖し、その人の体内で悪さをする。

スーパーコンピューターの富岳が飛沫のシミュレーションを行っているが、朝日新聞（2020年11月17日）によると「会話も約20分続ければ、咳1回に匹敵する飛沫の量になる。歌う時は会話に比べ飛沫量が数倍になり、より遠くまで飛ぶ。実際、飲食店やカラオケでの集団感染も確認されている」*注5とのことである。

マスク・手洗い・三密回避はすべて同時にしなければならないが、もし優先順位をつけるとすれば、私はマスクの着用を挙げたい。マスクをしても三密状態であれば感染のリスクはあるが、マスクをしていれば汚い手で顔を触ることもないから、まずはマスクを徹底して欲しい。

これがすべての受難の始まりであり帰結であるのは、大まかな経路として、飲食店で感染した人が家庭内にウイルス持ち込むことが感染拡大の大きな原因になっているからである。外で感染するのは20〜30代、もしくは40〜50代で、会食、宴会、コンパなどにおいて外の人からウイルスをもらう。

そして帰宅するが、自宅の食卓でマスクをするというのは、いくらなんでも非現実的だと思う。しかしすでに述べたように、感染してから発症するまで5日から6日だから、その間はウイルスを持っていて、他人に感染させ得るにもかかわらず、本人に自覚症状がない。だから意図せず、無意識のうちに家庭内でウイルスをばら撒いてしまう。

## 症状の類型

ということで、ウイルスを「抑え込む」または「封じ込める」ために、入り口である飲食店を規制しなければならない。２０２１年４月からの３回目の緊急事態宣言、そして同年７月からの４回目の緊急事態宣言のあいだに言われていたこととして、夜の人出と感染者数に相関関係があると見られている。夜の繁華街で酒を飲む人たちがウイルスを受け取って、それを家庭内に持ち込んで、高齢者や基礎疾患のある人にうつして、重症化させて、コロナ病棟を満杯にしてしまうという図式である。

ここでいくつか説明しなければならない。まずは「抑え込む」「封じ込める」の意味である。既述のように、ウイルスは人体に入ると2週間後には尿と便で外に出ていく。ウイルスをもらった人が、だれにも感染させないまま2週間持ちこたえたら、ウイルスはそのまま下水管を通って処理される。これが最善のシナリオである。

理想的な状況として、もしいまウイルスを持っている人が、完全に動きを止めて、だれにも感染させないまま2週間後にウイルスを便器に流してくれれば、この世からウイルスは消えてなくなる。だから人の動きを止めなければならない。

次なる説明は「重症化」である。大雑把に感染者のうち、２割が無症状で、２割が中等症か重症化して、残りは軽症だと言われている。無症状が実際どういうことなのか私にはまったく不明である。咳くらいはあるのか、のどがイガイガする程度なのか、それとも本当にまったく無自覚なくらい平気なのか。

６割は「軽症」というが、これは38度以上の熱のある状態を意味する。38度も熱があって「軽症」と言われても、と思うが、それは「中等症」が肺炎を指すからである。これ自体たいへんなことだが、重症は本当に凄い。

厚生労働省と東京都で「重症」の定義が異なることが一時期、話題になったが、国の基準はＩＣＵ（集中治療室）に入ることをもって「重症」としているが、都は中等症でもＩＣＵを使うことがあるので、厳密に人工呼吸器とＥＣＭＯ《エクモ》を使う患者に限定している。

東京都では自分で呼吸できないくらい厳しい状況の患者だけを厳密に「重症」としている。新型コロナウイルスは肺にダメージを与えるという特徴があるため、40～50歳代の比較的若い世代でも肺炎になってしまうが、これが高齢者や基礎疾患のある人になると深刻なことになる。肺が「線状化」するという言われ方をするが、肺が機能を停止し、ボロボロになってしまう（肺の線状化または「すりガラス状」化については、国立がん研究センターのサイト*注6を参照）。

基礎疾患について簡単に補足すれば、肺炎を患ったことのある高齢者は即、死を意味すると思うくらい気をつけていただきたい。くり返すが、コロナは肺を直撃し、肺を破壊するウイルスである。さらに一部の患者では血栓ができるから、心筋梗塞や脳梗塞を経験した人も即、死に至る可能性が高い。

肺の重症化に戻ると、肺が機能を停止し、自分で呼吸ができないので、人工呼吸器を必要とするのだが、その上を行くのが「体外式膜型人工肺」ＥＣＭＯである（ＥＣＭＯについて詳しくは、日本呼吸器学会誌第3巻第6号*注7を参照）。

肺は酸素を吸って二酸化炭素を吐き出すのを仕事としているが、肺に入った酸素は肺の表面から血管に入り、血液に酸素を供給し、同時に血管内の二酸化炭素を引き取って、体外に出す。肺が機能を停止すれば、血液に酸素を送ることができなくなる。ＥＣＭＯはなんとこの機能を代替する装置である。一度、血液を体外に出して、ＥＣＭＯに通して、そこで酸素を注入して、また人体に戻す。私はこの話を最初、２０２０年の夏くらいに知ったが、その時、さらにウイルスの感染拡大を止めなければ、と決意を新たにしたことをいまでも鮮明に覚えている。

新型コロナウイルスを理解するのがむずかしいのは、このように「無症状」「軽症」「中等症」「重症」と症状に幅があるため、深刻なのかどうなのか、ひと掴みでは把握しづらいことである。しかし重点は人数としては少ないものの、やはり重症者に置くべきで、こういう人を出さないために、人口の圧倒的多数は、たとえ結果的に無駄ではあっても、マスクを着用し続けなければならない。

しかし、とくに飲食店ではなかなかマスク着用（マスク会食）が浸透しない。そこで行政（政府と自治体）は不承不承、飲食店に対して営業時間の短縮や、さらには休業要請をしなければならない。飲食店にとっては、まったく不条理な話だが、重症者、そして死者を出さないための苦肉の策としか言いようがない。飲食店の大ファンの私としても、とても悲しいことだが、不用意にマスクを外して大声で談笑する人を見ていると、致し方ないと感じざるを得ない。

＊注1　http://www.jfnet.or.jp/contents/_files/safety/FSguideline_201130kai.pdf

＊注2　https://www.niid.go.jp/niid/ja/kansennohanashi/9303-coronavirus.html

＊注3　https://www.mhlw.go.jp/content/10900000/000596861.pdf

＊注4　https://www.jmedj.co.jp/journal/paper/detail.php?id=14278

＊注5　https://www.asahi.com/articles/ASNCH4R1TNCDPLBJ00C.html

＊注6　https://www.ncc.go.jp/jp/ncch/clinic/thoracic_surgery/100/index.html

＊注7　https://www.jrs.or.jp/quicklink/journal/nopass_pdf/ajrs/00306077j.pdf

# 第2章　感染対策と経済の両立

## どこで感染するのか？

日々の感染状況を見ていると、おおよそのパターンが描ける。刻々と変化していくから暫定的だが、1日の感染者数が発表されると、その半数は経路が追えるが、半数は経路不明である（ただし、感染者が多くなると、感染経路を追える人の割合は低くなっていく）。感染経路の内訳は、家庭内（同居する人から）が一番多く、次が職場、そして施設（保育園、学校、高齢者施設、病院など）、さらに会食と続く。*注1

いずれにせよ、マスクを外して至近距離で会話した時に感染は起こる。だから以上の4つはマスクを外して会話しやすい場所ということになる。家庭内が一番多いのは、食卓で家族がマスクを着用するということがありえないからである。施設では、たとえば高齢者施設なら、入浴など、どうしても接触しなければならない状況があり、世話をする側がマスクをしていても、世話を受ける側がマスクをしていないために感染させてしまうことになる。

犯人探しをするわけではないので、その点はご留意いただきたいが、高齢者施設では、世話を受ける側（高齢者）が外からウイルスを持ち込むことは考えにくいので、世話をする側（介護士さんなど）が持ち込んでしまうのだろう。世話をする側は常時マスクをしていても、マスクは完璧に飛沫を防ぐわけではない。入浴時など至近距離で密着しなければならない時間が長ければ長いほど、マスクの隙間から漏れたウイルス入りの飛沫が高齢者の口と鼻に届いてしまう。

職場で起こり得るのは、昼食時にマスクを外して会話をする場面である。私はフリーランスだからあまり経験はないが、それでも会議室でプレゼンするために、クライアントのオフィスを訪れることがある。企業の会議室の備えは完璧である。参加者どうしは1メートル以上離れて座るが、もちろん話をするのは私ひとりだから、参加者は沈黙にもかかわらず1メートルの距離をとって静かに座っている。もちろんマスクは着用している。横長の机ならば、ひとり分ごとに透明のアクリル板で区切られている。私は参加者から2メートル以上離れたうえで、マスクをしたまま、アクリル板に向かって話をする。これならウイルス保持者が参加していても、絶対に感染しない。

しかしその現場を見ていないので想像だが、昼食時になると、いきなり緊張感がなくなるのだろう。マスクを外して弁当を食べながら、おしゃべりをする。もし運が悪く、そのなかにウイルス保持者がいれば、感染は広がってしまう。

これも犯人捜しではないので、その点ご配慮いただきたいが、スポーツ選手がウイルスに感染してしまう原因のひとつが、ロッカールームでのマスクなしの会話である。職場での昼食にしても、練習や試合後のロッカールームにしても、どこかで気が緩むのだろう。マスクなしのまま至近距離で、それなりの時間、話をしてしまう。

## 濃厚接触

「三密」という言い方がある。「密閉」「密着」「密接」のことで、閉め切った室内はダメ、至近距離はダメ、至近距離で長時間話すのはダメということである。閉め切った部屋ではウイルス入りの飛沫が空中に漂って留まりやすく、他人の口や鼻に入りやすいからである。そして人との距離が近いと、ウイルス入りの飛沫が相手に届きやすい。このふたつに関しては「密閉」「密着」は言い得て妙だろう。この点、長時間、至近距離で話すことは密接な関係だから「密接」というのは理解できるけれど、少し無理がありそうだ。とはいえ、すべてに「密」という言葉をつけることで覚えやすくしたことは、素晴らしい発想である。

ただし、意地悪な言い方をすれば、要するに「密接」は密着して（つまり至近距離で）長時間話すことだから、結局は「2密」すなわち「密閉」と「密接」だけで充分かもしれない。対策としては、室内にいるなら、2方面の窓か戸を開けて、人との距離を取って、マスクをつけて話をするということである。

「密閉」はすでに述べたように、ウイルスを含んだ飛沫は軽いのでしばらくは空中を漂うが、部屋が密閉状態だと、そこに留まる時間が長くなり、近くにいる人の口と鼻に入りやすくなってしまう。前章で、ウイルスは遺伝子をタンパク質が包んでいる構造をしていると述べたが、水分も含んでいる。だから部屋のなかの湿度が高ければ、ウイルスはさらに湿気を含み重くなる。重ければ空中に漂う時間が短くなり、床に速く落ちるので、室内の湿度は高めにしておいたほうがいい。

とはいえ、この話を文字どおりに受け取ると、窓を開けるほうがいいのか、加湿器をかけるほうがいいのか、迷ってしまう。湿度が高く、風がなければ、飛沫は速く下に落ちるからである。これについて明確なインストラクションを見たことはないが、やはり両方するのがいいだろう。湿度を高くして落ちるスピードを速くしつつ、漂わないように窓を開放しておく。厳密に言えば、ふたつの方法は相反するが、安全策として両方を同時に行うのがよい気がする。

私は勝手に「密着」と「密接」を一緒にして「密接」としたが、これは長時間、至近距離で話をすることである。マスクを着用していても、先ほどの高齢者施設のように、マスクの隙間から飛沫がもれ出すので、マスクをしていても距離は取ったほうがいい。では「長時間」「至近距離」とは具体的にどれくらいか。これを「濃厚接触」と言う。

「濃厚接触者」の定義は当初とは少し変わったが、いまはある人がウイルスに感染したとして、その人と「マスクなし」で、距離が「1メートル以内」で、「15分以上」会話した人のことを指す。ある人の感染が認定されたら（PCR検査で陽性判定が出たら）、保健所は感染者にインタビューして、過去2週間の行動履歴を聞き取る。そのなかにマスクをせずに1メートル以内で15分以上話をした人がいたら、保健所はその人に連絡を取って、P

CR検査を受けてもらう。

しかし飛沫の拡散の仕方に関する研究によれば、飛沫は2メートル飛ぶので、定義上「1メートル以内」を「濃厚接触」としているが、日常的には2メートル以上離れることが求められる。

要するに、家庭でも、施設でも、職場でも、会食でも、マスクを着用しないで1メートル以内で15分以上会話をした人たちによって感染が拡大しているということである。だれがウイルスを持っているかは、本人を含めてだれにもわからないので、用心に越したことはない。話をしたければ、マスクをして、2メートル以上、離れよう。

前章のくり返しだが、感染してから発症まで（ウイルスをもらってから5日から6日）のあいだ、だれがウイルスを持っているか、本人を含めてだれにもわからない。その間、本人は無症状だから、ウイルス保持者は意図せず、無意識のうちに、ウイルスをまき散らしている。

## 感染のパターン

私はこの1年半、コロナ関連のニュースをなめるように追ってきたが、最も注目してきたのは、どのような状況で感染が起こるのか、クラスターはどのように発生するのか、ということである。クラスターとは感染者の集団のことで、ひとつの場面で5人以上の感染者が出たら、「クラスター発生」と言われる。なぜクラスターが大事なのかと言うと、一度にこれほど大量に感染者が出ると、今度はその人たちが自分たちの居場所（家庭・職場）に戻って、さらにウイルスを拡散させかねないからである。倍々ゲームがさらに倍々ゲームになってしまう。これほど一気に拡大してしまうと、もう追跡できなくなり、「爆発的感染拡大」と描写される状況になってしまう。

クラスターまで規模は大きくなくても、会食などでの感染パターンはこの1年半でよく研究されて、ネット上で知ることができる。やはり公式に頼るに越したことはないので、国立感染症研究所の分析を紹介すると、*注2 1メートルくらいの対面の距離で発症者以外の2名が感染するとか、カウンターで近くに座った客とお店の人が感染したとか、同じテーブルに座った人のなかでスプーンを共有して感染したという事例が挙げられている。

先ほどの「密閉」とも関連するが、私が「三密」を極度に怖れるようになったのは、密閉空間でエアコンの風がウイルスを運ぶというニュースを読んだ時である。少し長いが、まさに私がそれを最初に知ったニュース（「新型コロナ エアコンの『風』で飛沫流れ感染、CDCが事例報告」NHK NEWS WEB ２０２０年6月5日）をそのまま引用しよう。*注3

「（略）CDC［アメリカの疾病対策センター――著者注。以下同様］の報告書によりますと、中国・広州市の保健当局が、［２０２０年］1月から2月にかけて新型コロナウイルスの感染が確認された、別々の３つの家族、合わせて10人の感染経路を調べたところ、全員が1月24日に、同じレストランで昼食をとっていたことがわかりました。

３つの家族は、エアコンの吹き出し口からみて1列に並べられた3つのテーブルに分かれて座っていました。／レストランに窓はありませんでした。／真ん中のテーブルには、当時、中国で最も感染が広がっていた武漢市から前日にやってきた家族が座っていて、このうちの1人はこの日の昼食後に発症しました。

報告書では、当時、症状はなかったものの、この1人から出た飛まつが風下に流れて、隣のテーブルの家族に感染し、さらに、強い空気の流れで壁に反射して最も風上のテーブル［エアコンの真下］の家族にも感染が広がったとみられると結論づけています。エアコンのある壁から向かいの壁までの距離は6メートルで、エアコンからはウイルスの遺伝子は検出されず、同じフロアにいた、ほかの73人の客から発症者は出なかったということです。／報告書は、ウイルスの拡散を防ぐため、飲食店ではテーブルの間隔をあけ、換気を十分に行うよう勧告しています。（略）」

このニュースを読んだ時、いろいろと考えさせられたが、まずエアコンがウイルス入りの飛沫を運んでしまうことに衝撃を受けた。そして知り合いどうし、つまりグループ内での感染だけでなく、他人のグループにもウイルスを伝播させてしまうことに驚愕した。さらに、別の観点だが、中国の事例をアメリカの政府機関が研究したという国際的取り組みに感激した。中国はＷＨＯ（世界保健機関）の調査に非協力的だと言われているが、まったくの鎖国ではないことに安堵している。

事例ついでに、同じくらい衝撃を受けた話を紹介したい。これはマスコミでも大きく取り上げられたので、ご存じの方も多いと思うが、バスツアーでの感染である。これは２０２０年10月の北海道周遊バスツアーで、国立感染症研究所が詳しい調査結果を公表している。*注4

この事例がマスコミで話題になったのはＧｏＴｏトラベルだったことと、感染者どうしの接触がそんなにはなかったからである。国立感染症研究所が述べるように、バス以外の宿泊施設や休憩所での接触は少なかったとのことである。ということは、知らないどこかで感染したか、みんながマスクをしていたはずのバスのなかで感染が広がったということになる。もしバス内だとしたら、気をつけていても、比較的密になりやすい場面は危ないということで、コロナ禍の観光振興のむずかしさを示した。

## 飛沫の飛び方

マスクなし会食が危ないのは間違いないが、マスクなし会食に参加した人全員が感染するわけではない。さまざまな事例から明らかになったパターンは、やはり1メートル以内は危険、スプーンの共有は禁止、そして意外に共有されていないのが、対面よりも横並びのほうが危険だということである。朝日新聞（２０２０年10月13日）は「理化学研究所などのチームは13日、新型コロナウイルス対策で、飲食店の会話時のしぶき（飛沫）の広がり方をスーパーコンピューター『富岳』を使って計算した結果を発表した。隣に座る人と

話す場合、正面の人に話すのに比べ、5倍の数の飛沫を浴びせることになると推定された」と伝える。*注5

一方で、会食での感染が報告された事例で、短時間かつ対角に座った人は感染しなかったという報告もあり、同じテーブルを共有していても、距離を取れば安全であることがわかる。朝日新聞と同じニュースを読売新聞（2020年10月14日）は「新型コロナウイルスの感染対策を研究する理化学研究所や神戸大などのチームは13日、計算速度世界一を誇るスーパーコンピューター『富岳』を使い、飲食店での会話による唾液の飛沫の拡散状況などを予測した結果を公表した。4人がけのテーブルでは、斜め前に座った人にかかる飛沫が最も少なかった」と伝えている。*注6

マスコミ情報はとても大事だし、私も新しいことを最初に知るにはマスコミに頼らざるを得ない。しかしマスコミが情報源を示してくれたら、私はそれ自体を読まないと・見ないと気が済まない。国立感染症研究所のサイトはよく利用させてもらっているし、ほかにいろいろな学会が研究成果を発表しているし、政府とくに内閣府と厚生労働省のホームページは頻繁に訪れている。

ということで「富岳」と聞いたら、直接その研究成果を教えてもらいたくなる。そして幸運なことに、記者発表の模様がそのままユーチューブ（YouTube）で視聴できる。「スーパーコンピュータ『富岳』記者勉強会　室内環境におけるウイルス飛沫感染の予測とその対策（1）」[*注7]と「スーパーコンピュータ『富岳』記者勉強会　室内環境におけるウイルス飛沫感染の予測とその対策（2）」[*注8]である（文章で簡潔に知りたい方は、理研の公式ホームページ[*注9]を参照）。

富岳はさまざまなパターンを示しているが、湿度30％と90％での飛沫の飛び方の違いでは、明らかに湿度の低いほうが飛沫は遠くに散らばっていく。くしゃみや咳も正面に向かって進み、対角の人にはあまりかからない。パーテーションの高さについてもシミュレーションしており、適切な高さのガイドライン策定に役立っている。

## 私の対応

以上のような報道や研究成果を熟読してきたのは、1章で述べたように、行きつけの店で私が安全に食事できるようにするためである。そこは店内が狭く、飲食店のガイドラインを完全に守ることはできない[*注10]。とくに同じグループ内の感染ではなく、他人どうし、つまりグループを超えた、グループどうしの感染を防ぐために、テーブルとテーブルのあいだを1メートルは開けるという項目である。

お客さんが来れば入れたいのは人情で、気がついたらテーブルとテーブルの間隔が30～40センチに縮まっている。この状態で、隣りの席に2人組が入ってきたとしよう。そして2人とも座った途端にマスクを外して会話を始める。私の隣りの席の人は前を向いて話しているので、私のほうに飛沫が来ることはない。問題は対角の人の飛沫が私の口と鼻に入ってくるかどうかである。

見てきたように、同じテーブルでも対角の人に飛沫はあまり飛ばず、事例集でも正面の人への感染は認められても、対角の人は感染しなかったというのが多い。だから普通に考えれば、私は大丈夫だと思う。しかし先ほどのアメリカCDC（疾病対策センター）が解析した中国・広州の話のように、エアコンの空気が飛沫を運ぶこともある。この場合は2メートル以上でも感染は広がった。

感染症の専門家なら、問答無用に「2方面の窓を開放して、テーブルの間隔は1メートル以上取りなさい。そうすれば、対角の人どうしの距離は2メートル以上になるから」と言うだろう。しかし私はお店にそんなことは言えない。できることは、もう行かないことだが、それもできない。ということは、自分で工夫して、自分の身を守るしかない。

私の対策は、まず窓側に座ること。そうすれば外からの風で、隣りの席に座った人の飛沫は私とは反対方向に行く。さらに（身勝手で申し訳ないと思うが）一番乗りで窓側の席につくと、お店の人が見ていないうちに、隣りのテーブルを反対側に少し押しておく。すると対角の距離はさらに伸びるので、風の流れと合わせて、私は相手の飛沫の届かないところに居られる。

「ここまでしなければならないのかなぁ」と自分でも思うが、感染拡大防止と経済活動を両立させるためには、医療現場のことを第一と思いつつ、飲食店を積極的に利用しなければならない。私個人において両立がむずかしいのだから、社会全体で見ても、医療従事者の負担を軽減することと、飲食店を助けることとは、なかなか両立しづらいようである。

＊注1　これは２０２１年７月21日に開かれた東京都のモニタリング会議で出された分析で、必ずしも、いつもこの順序とは限らない。
https://www3.nhk.or.jp/news/html/20210721/k10013151801000.html

＊注2　https://www.niid.go.jp/niid/ja/diseases/ka/corona-virus/2019-ncov/2484-idsc/9910-

covid19-25.html

＊注3　https://www3.nhk.or.jp/news/html/20200605/k10012458661000.html

＊注4　https://www.niid.go.jp/niid/ja/diseases/ka/corona-virus/2019-ncov/2488-idsc/iasr-news/10029-491p02.html

＊注5　https://www.asahi.com/articles/ASNBF6FD3NBFPLBJ002.html

＊注6　https://www.yomiuri.co.jp/science/20201013-OYT1T50192/

＊注7　https://www.youtube.com/watch?v=Z6EbAO3nLy8

＊注8　https://www.youtube.com/watch?v=MY_LMJzGZ6k

＊注9　https://www.r-ccs.riken.jp/highlights/pickup2/

＊注10　http://www.jfnet.or.jp/contents/_files/safety/FSguideline_201130kai.pdf

# 第3章　感染する確率

## マスクなし会食

日々、行きつけの店でモーニングかランチを食べていると、数組に1組くらい3人から4人のグループがやってくる（あとは1人か2人）。私はそもそも夜は出歩かないので、日中、アルコールなしの食事を楽しんでいるし、必ず独りで行動しているから、3～4人のグループを見ただけで怖くなってしまう。

彼ら・彼女たちの8割は席に案内された瞬間にはマスクを外して会話を始める。2割は食事までマスクをして話しているが、食事が来た時にマスクを外してからは最後までマスクを着用しないまま話し込んでしまう。どうしてそんなに不用心なんだろう、と不思議に思う私のほうが変人で、思わないほうが普通なのかもしれない。

まだ世間的にそれほど緊張感が浸透していなかった2020年の夏から秋にかけて、仕事関連で夜の会食に何回かお声がけいただいた。マスク会食は1回のみで、あとは最初からマスクを外すことになった。

ある会では、座った途端に声をかけてくださったクライアントがマスクを外した。私は唖然としていたが、なんとか気力を取り戻し、「私だけしていていいですか？」とたずねると、「いえ、外しましょう」と。「マジ？」と思ったが、仕事の面でも、地位の面でも上の人に言われたら何も言い返せない。しかし私がマスクを外した瞬間に、先方は「最近いろいろと出歩いて、ちょっとやばいかも、とは思うんだけどねぇ」と笑って言う。覚悟の3時間であった。

すでにある程度の知識はあったから、それからまず1週間は症状が出ないか気が気でなかった。そしてそれが過ぎても、無症状の場合も考慮して2週間は人に近づかないようにしていた。

これに近いことを何回かくり返した挙句、やはり仕事でも地位でも上の人に会食に誘われた。しかも今度はニューヨーク在住の日本人を一緒に連れてくるとのこと。誘ってくれた上司が遅れたため、ニューヨークの日本人が先に来て、名刺交換の後、座席につくと、相手の方は私が出した名刺をしまうとすぐに、私に見えないほうを向いて（でも見えているが）アルコールを出して、手を消毒していた。私はこの時「この人とは話が合う」と嬉しくなった。

ニューヨークの方と私を結びつけた上役がやってきて、いきなりマスクを外す。しかしその人が来る前から、ニューヨークの日本人と私は、その年（２０２０年）春のニューヨークのロックダウン（都市封鎖）について話をしていた。

まず医療従事者への感謝と敬意を共有し、その方の知り合いの医療従事者が病院で苦闘されていた話、そしてとうとうその医療従事者本人が感染した話と続く。ニューヨークの日本人はその医療従事者の濃厚接触者だったため、家族と離れて2週間、巣ごもったとのこと。しかし同じ施設に感染者も収容されていたため、シャワー室を使うのにいろいろな工夫をされたこと、などなど。

私は自称〝コロナ・オタク〟だけあって、話としては聞いていたが、現場を直接に体験された方の話をうかがえて、とても勉強になったし、能天気な日本人に聞かせてあげたかった。そしてニューヨークの日本人と私で、この上司を説得してマスク会食に引き込むことに成功した。そのニューヨークの日本人は一時帰国中、一度も対面の会食はしなかったとのことであった。その上司に引っ張られて、おそらく不承不承、夜の会に応じたのだろう。だから最初から最後までマスクを着用していた。

こういう経験によって、少しは自信をつけたが、とうとう「本当にやばい」ということがあり、それ以来、すべての会食をお断りしている。

2章で書いたが、オフィスの会議室でプレゼンをした。会議室内の感染対策は完璧すぎるほど完璧で、人との距離は1メートル以上取られ、にもかかわらず、ひとりひとりアクリル板で区切られており、全員が最初から最後までマスクを一度も外すこともなく、着用し続けてくれた。

私のプレゼンと質疑応答が終わると、懇親会に行くことになった。もちろん断れない。総勢10人！　もうこの時点で帰りたい。居酒屋さんに入る。常連らしく、いつもの部屋らしい。なんと、縦長で、一方はドアがなく開放されているが、あとの3面は密閉である。そして10人が詰めて座れる程度の広さしかない。

「まぁ、マスク会食なら……」と思って、上着を脱いで壁のハンガーにかけ、テーブル側に振り返り、着席して顔をあげると、なんとなんと、その時点でマスクをしていたのは私ひとりだけだった。会社内ではあそこまで用心していて、飲み会でここまで不用心になるとは……。もう覚悟を決めるしかない。帰るか、感染の恐怖と戦いながら話につき合うか。意志の弱い私は後者を選ぶ。

何度も書いているように、私は感染事例に関する読めるかぎりのものはすべて読んだのではないかというくらい、調べ尽くしたつもりでいる。しかし最近は、マスコミでも、研究所の報告書でも、そういう記述が少なくなった気がする。コロナ差別の影響で情報を公開しなくなったのではないだろうか。

しかしこの時点（２０２０年秋）で、すでに飲み会でのクラスター事例は熟知していたので、もしこのなかにウイルスを持っている人がいたら、おそらく半数は感染していただろう。会話による飛沫感染だけでなく、大皿を直箸でつつくことによる唾液感染もあるからだ。

今回はそれまで以上に、その後の1週間は恐怖の日々で、トータル2週間は人に近づかないようにしていた。そしてそれ以降は、どんな話でも、仮にそれで仕事を失うことになっても、すべての会食をお断りすることにした。

## 感染の確率

私はそもそもつき合いのいいほうではないので回数は少なかったが、夏から秋にかけて、私が学んだ事例をそのまま適用するなら、私は上記のマスク会食を除いて、ほかのすべての会食でウイルスに感染していただろう。ということは、マスクを着用せず1メートル以内で15分以上話していた相手がウイルスを持っていなかったということになる。相手が発症前の無症状だったという可能性は否定できないが、その後の様子を聞いてみると、発症していなかったとのこと。ほぼ間違いなく、相手は感染者ではなかった。

結局、感染対策がむずかしいのは、会食の機会の多い人の大半が感染しないまま、無事に日常生活を送れているからである。私は夜は出歩かない分、朝早く起きて散歩している。6時くらいにだれもいない繁華街をウォーキングしていると、徹夜して飲んでいたとおぼしき若者の集団に出くわすことがある。マスクをしている人もいれば、あごマスクの人もいるし（着けていないのと同じ）、まったくしていない人もいる。人との距離も考慮すれば、このなかにひとりでもウイルス保持者がいれば、半数は感染するだろう。

日々のニュースと、このような日常の一場面は直接には結びつかない。いま見ている若者の集団でクラスターが発生したとしても、それが数日後のニュースに反映されているかどうかは、私には知りようがない。しかし、もしそのなかから出たら、数日後の感染者数に含まれることになるだろう。

私にも、そしておそらく世の中のだれにも知りえないことを想像してみよう。ある晩（どの晩でもいい）、マスクなし会食は日本全国で何件あっただろうか。そしてそのなかで感染が起こったのは何件だろうか。確実に言えることは、ほとんどの場所で何も起こらなかったはずである。まったくの想像だが、マスクなし会食は全国いたるところで行われていたはずだ。しかし実際に感染者が出たのは、特定の晩では数件に過ぎないだろう。ということは、それほど用心しなくても、感染しない確率のほうが圧倒的に高いことになる。

では、どれくらいの確率なのだろうか。ネットの隅から隅まで探したが、やはりそんな数字はないことを確信した。推測に過ぎない上に、元となるデータもない。だから専門家がこんな危険で、無責任なことをするはずがない。しかし私は素人である。自分ではそれなりに勉強したつもりだが、所詮、医学博士ではない。それを逆手にとって、素人だからできる無理で無謀な推測をしてみよう。

いまこの時点で〝感染させ得る人〟とはどんな人だろうか。くり返すが、ウイルスに感染してから回復するまでが2週間で、感染してから発症するまでが5～6日である。[注1] 発症してからも他人に感染させ得るが、ここまで「風邪の人は出入り禁止」という風潮が定着すれば、発症した人が人前に現れることは考えにくい。だから他人に感染させる危険性のある人は、感染してから発症するまでの症状のない人となる。

問題は検査に引っかからない無症状の人である。大阪では一般の人に無作為にPCR検査を受けてもらう試みを実施していたが、これは感染している（つまり検査で陽性反応が出る）のに症状がない人を見つけるためである。

日々、都道府県が感染者数を発表しているが、これは当日、検査をした医療機関から自治体に報告があったものをそのまま公表しているだけで、感染した日ではない。症状が現れて医者に診てもらい、医師の判断でPCR検査を受けて陽性になった人と、陽性判定を受けたために保健所から聞き取り調査を受けて、それによって「濃厚接触者」と認定された人を検査して、やはり陽性が出た人を総計したものである。だから前者（症状が出た人）は当然のこと無症状ではないが、後者（濃厚接触者）のなかには無症状の人がいる。しかし日本全国でこのような無症状の人がどれだけいるのかは、まったく見当がつかない。

人口のどれくらいの割合が「すでに」ウイルスに感染して「いたか」を調べるのが抗体検査である。抗体とは、ウイルスに抵抗するために人体内で作られた防御システムのようなもので、これ自体タンパク質でできている。だから抗体検査は迎撃タンパク質を調べるわけだが、これを持っているということは、「過去に」感染したことを示している。

これらに加えて「抗原検査」というのがある。1章で述べたが、ウイルスは遺伝子をタンパク質が包んでいる構造なので、このタンパク質を見つける検査である。PCR検査がウイルスの遺伝子を調べるのに対して（薬で遺伝子を増幅する）、抗原検査は膜のタンパク質に反応する。*注2

確認すれば、PCR検査の対象は遺伝子で、抗原検査と抗体検査の対象はタンパク質である。しかし「何を見つけるか」ということに関しては、ウイルスの存在を見つけるために行うのがPCR検査と抗原検査で、かつてウイルスと戦った痕跡（抗体）を見つけるのが抗体検査である。

ウイルスを見つけるにはPCR検査と抗原検査だが、一長一短がある。抗原検査は簡易で、検査結果もすぐに出るのに対して、PCR検査は高価で、結果が出るまでに時間がかかる。しかしPCR検査は遺伝子そのものを検査するため間違いが少ないのに対して（それでも偽陽性・偽陰性はある)、抗原検査は似たタンパク質にも反応してしまうため、間違いの可能性が高くなる。

抗体検査は人口のなかでウイルスに打ち勝つ抗体を持っている人の割合を調べるためのもので、無症状感染者を調べるものではない。だから人口内の無症状感染者の割合を知るためには、一般国民に対して大規模かつ無作為のPCR検査を行うしかない。しかしまだ人口の0・0数%以下しかいないため、本当に大人数(数十万規模)でないと確かな数値を得ることはむずかしい気がする。

このように、検査を受けていないが、感染していても無症状のまま、会食などで他人にウイルスをうつしている人がいると思われるが、その数を知ることは不可能である。だから私のような素人が、無責任に邪推するのも、危険ではあるが許されるのではないだろうか。

どの数値を活用するかであるが、毎日、各都道府県が発表する数字を見ていると、数人から千人単位と、かなり幅がある。これを全国でならし、感染者数を日本国民の総数で割るのもひとつのやり方だが、そうすると人口比は得られても、〝感染させ得る〟数値ではなくなる。〝感染させ得る〟ということは、すぐそこにいる可能性を意味するからである。

というより、厳密な言い方をすれば、私が無作為に選ばれた人と、マスクを着用せず、1メートル以内で、15分以上、会話をするとしよう。その時「その無作為に選ばれた相手がウイルスを持っている確率はいくらか?」という問いになるだろう。

これを知るには、ある特定の地域に住んでいるとして、「その地域内で〝いま感染させ得る人〟の割合はいくらか?」を求めなければならない。ということで、比較的感染者が多くて、かつ注目されている地域を選びたい。2021年4月から5月にかけての3回目の緊急事態宣言の開始前後に連日1000人を超えた大阪を事例にしたいが、その後の収まりとの差が激しく、参考にしづらいところがある。大阪府の人口は882万人だから、1日1000人は人口比ではかなりの数になる。ちなみに、神奈川県の人口は905万人で、日々の感染者数（当時）が200~300人台だったから、大阪のたいへんさがよくわかる。

ということで、注目度から見て、東京都を選んでみよう。ここで少し回り道の解説をしたい。先に答えを言えば、街に緊張感がなく、マスクなし会食が平然と横行している時期の感染者数は1日平均で500人くらいと見ている。そしてそれをもとに、このあと計算をするが、「平均」としたのは、東京の感染者は全国でも注目されているが、都はその日の午前までに医療機関から報告された陽性者数を合計して、その日の夕方（16時45分）に発表している。要するに、その前日に陽性判定が出された人の数ということである。

そのため、月曜日に発表される感染者数が、ほかの曜日に比べかなり少ないのは、日曜日に休診している医療機関が多く、翌日に集められる陽性者数が少ないためである。だから都は1週間の平均で、だいたいのトレンドを摑もうとしている。月曜日が300人くらいでも、週の後半にかけて700人とか900人になれば、平均で500人を超える。

本書では、この1年半の大雑把なトレンドをもとに、全体的な傾向を語っているため、特定の日付の特定の陽性者数をいちいち明示しない。だから、このあとの話も、そういう前提でお読みいただきたい。私は専門家ではないが、ちゃんとした証拠に基づいて書くという使命感はあるつもりだ。しかし読みやすさも考慮しつつ、大まかな趨勢を辿っていきたい。

緊急事態宣言はいまのところ4回出されている。1回目は2020年4月から5月、そこからしばらく落ち着いていたが、2021年1月から3月にかけて2回目、同年4月から5月にかけて3回目、そして間を置かず7月から9月にかけてが4回目だった。

だいたい大雑把に見て、緊急事態宣言の効果がどんどんなくなったとはいえ、それでも緊急事態宣言の終わりにもなれば、感染者数は減り、たとえば3回目の緊急事態宣言が終わった5月末には、東京都の感染者数は200人台半ばにまで少なくなった（2021年5月31日は260人）。

2回目の緊急事態宣言に至る道筋、3回目への道筋、そして4回目への道筋、どれも似たパターンで、一度200人台に減るものの、そこから徐々に増えていく。そして1週間の平均が500人くらいになると緊急事態宣言が議論され始める。3回目の場合は、そのパターンに入り始めたのが4月中旬、4回目の場合は、その前の緊急事態宣言が明けて、「まん延防止等重点措置」に移行した2021年6月の後半頃。これらの時期の1日平均は、だいたい500人。私は1日500人をひとつの基準として、それを下回れば「収束期」で、上回れば「拡大期」と捉えている。

ということで、改めて、じわじわと感染者数は上がっているが緊張感がなく、マスクなし会食が横行していた頃を思い起こそう。感染者数は1日500人という感じではなかっただろうか。

改めて〝いま感染させ得る人〟とはどんな人か。①感染したけれど発症する前の人、②陽性判定を受けているが無症状の人、③検査を受けていない無症状の人であろう。確認すれば、陽性者のうち2割が無症状だから、単純に500人のうち100は無症状ということになる（②の人）。感染してから発症するまでを長くとって6日とすると、想像に過ぎないが、500人という数字がしばらく続くという想定で3000人が感染してから発症するまでに意図せずに〝感染させ得る〟状態にあると言えよう（①の人）。

ここまでは客観的な数字をもとに推測しているが、〝いま感染させ得る人〟には、そのほか検査に引っかからない無症状感染者を入れなければならない（③の人）。これは①②と違い、まったく根拠のない数字になるから、適当に推測するしかない。しかしある程度は科学的根拠を利用しなければならないだろう。

先ほど、ある人がウイルスを持っているかどうかを調べるには、ＰＣＲ検査、抗原検査、抗体検査があると説明した。ＰＣＲ検査と抗原検査は「いま感染しているか」を調べ、抗体検査は「かつて感染していたか」を調べるものである。ＰＣＲ検査はウイルスの「遺伝子」に反応するのに対して、抗原検査と抗体検査はタンパク質に反応する。そして抗原検査が「ウイルス」のタンパク質を見つけるのに対して、抗体検査はウイルスを撃退した人体側の「免疫」タンパク質を見つける。

ということは、感染していない人を無作為に選んで「抗体検査」を実施すれば、「かつて」感染したことがある人の割合を出すことができる。実際、厚生労働省がいまのところ2回行っている。1回目が2020年6月で、対象は東京都、大阪府、宮城県。2回目は同年12月で、対象は東京都、大阪府、宮城県、愛知県、福岡県。*注3 そして東京の結果だけ見ると、6月は0・1%だったのに、12月は3399人を対象にして0・91%、人数では31人に相当する。

これはあくまで、それまでの1年近くのあいだにウイルスを受け取って、それをトイレに流した人の「累計」であって、「いま」この時点で感染していて、他人にうつしてしまう可能性のある人ではない。東京の人口を1400万人とすると、12万7400人という計算になるが、これは実際の数値と大きくは変わらない。東京都の感染者数の累計はだいたい30万人である（刻一刻と増えている数字である一方、書物という形態は著者の手を離れたところで時間が止まってしまうため、この点はご容赦いただきたい）。だから抗体検査（感染歴を調べる）の陽性者（2020年12月時点）と、実際に陽性判定を受けた人は、12万人と30万人（2021年8月末時点）で、それほど大きくは外れてはいない。

というより、大規模抗体検査後の半年以上の時間を考慮すれば、ぴったりと言っていい。つまり医療機関において実際に「陽性」判定を受けた人と、潜在的な感染状況（かつて感染したことがある人の累計）とのあいだには大きな差はないから、上記の③をそれほど大きく見積もらなくていいのではないか、ということになる。

ここからが素人の大胆な推測である。くり返し述べているように、日々の感染者は曜日によって異なるだけでなく、数週間、数か月単位で乱高下している。しかし２０２０年春から２０２１年夏までの１年半というスパンを、均等にならしてしまおう。１年半を75週間として、１日の平均は３８０人である。無症状を含めた抗体検査が、実際の陽性者とあまり変わらないなら、陽性者の数値をそのまま鵜呑みにして、無症状感染者（上記の③）を推測しても許されるのではないか。実際の陽性者における無症状の人は全体の２割である。だから母集団はあくまで感染者であり、「感染者中の２割」である。

保健所の追跡調査やＰＣＲ検査の「網」に完璧に引っかからない無症状感染者をそれほど過大に見積もる必要はないと思う。というのも、無症状感染者がいろいろな人にばら撒いたら、だれかひとりは発症すると考えるのが自然な推論だから、濃厚接触者を辿れば、元の無症状感染者に行きつき、検査を受けて、陽性者のなかに入ることになる。すると東京都の公式発表に計上されるから、突き止められない無症状感染者ではなくなる。

ということで、ここまで厳密な議論をしておいて、一気に安易な推測にみずから陥っていくが、それでも私は少しは割り増ししておく必要もあると考えている。日々のニュースで伝えられる「経路不明感染」も考慮に入れるべきだからだ。だからまったく根拠はないが、「陽性者中の2割」をそのまま外側に押し出してみたらどうかと思っている。つまり陽性者の2割を単純に全人口に拡大して、いまある数値の2割分を足すということである。

もちろん母集団が違うことは承知している。「感染者中」の2割を「人口」の2割に拡大するのは、強引を超えて、無茶な拡大解釈だからだ（だが人数的には「感染者中の2割」に過ぎない）。しかし先に答えを言えば、この想定だと〝いま感染させ得る人〟の割合は0・03％になるが、私の見るところ、これは生活実感にはピッタリ当てはまる。だから「2割増し」という想定で話を続けよう。

私でもできる足し算・引き算・掛け算・割り算をやっていくと、1日の平均が500人ならば、東京都内で〝いま感染させ得る〟人の数は大雑把に4000人ということになる。東京都の人口を1400万人とすると、人口比では3500人に1人である。私が無作為に選ばれた人と濃厚接触するとして、その人が感染している割合は3500分の1で、確率で表すと約0・03％になる。

あまり実感のわかない数字だが、宝くじに当てはめるならば、いくつかのジャンボで

10万円が当たる確率は5000分の1すなわち0・02%となっている。もし私の無謀な邪推が「当たらずと雖も遠からず」ならば、感染する確率は宝くじで10万円が当たる確率よりも少し高いことになる。

私が、すべての発言が注目されるほどの超・著名人なら、とても危険な推測だが、そうでないから、ひとつの指針として用いたい。なぜ人びとは不用意にマスクを外して歓談するのか。ひとつの答えは「確率が低いから、ありえないと想定してしまうため」となる。よいことではないが、うなずけないことはない。

＊注1　https://www.mhlw.go.jp/content/10900000/000596861.pdf
＊注2　https://www.businessclinic.tokyo/archives/2718
＊注3　https://www.mhlw.go.jp/content/000734482.pdf

# 第4章　ロックダウン

## 低確率の危機

無作為に選ばれた人と、マスクを着用せず、1メートル以内で、15分以上会話したとしよう。この時、相手がウイルスを持っている確率はどれくらいか？　東京に住んでいるとして、3回目の緊急事態宣言（2021年4月から5月）が発出される前、または4回目の緊急事態宣言（2021年7月から9月）前の「まん延防止等重点措置」の時期、1日の感染者数の平均が500人の頃だったら、〝いま感染させ得る〟人の割合は3500人に1人、確率で言うと0・03％になる。もしこの計算が現実を大きくは外していないなら、私に感染させ得る状況にいる対面に座って話している人がウイルスに感染している確率は、宝くじで10万円が当たる確率（0・02％）よりも少し高いものとなる。

私自身、いまのところ感染していない。確かに無症状ということは、ありえないわけではない。健康で、基礎疾患はなく、毎日（雨の日以外は）必ず2時間歩いて、夕食は食べずに体重（60キロ）と胴回り（70センチ）を安定させて、1年に1度の健康診断の、とくに血液検査は自分で詳しく調べて、コレステロール値が高ければ、意地になって毎日サバ缶とキャベツを食べ続ける。50歳台半ばとしては頑丈な体だからといって、感染しても無症状ということは、ないとは言えない。だが、変異株の猛威を考慮すれば、この年齢で症状が完全にないというのは、可能性として低い気がしてきた。現に50歳台で亡くなっている方も多い。

いずれにせよ、いまのところ私に自覚症状はない。家族・親族を含め、周りにも感染者はいない。ただ、仕事関連では、数人、感染した人の話を聞いている。私は自称〝コロナ・オタク〟ではあるが、ほとんどの情報はマスコミとネットで仕入れている。ニュースや、政府・公的機関・研究所・大学・学会などが公表するインストラクションや研究・分析・調査結果である。そんなことはありえないが、もしこれらの情報がすべて架空のもので、私をだまそうとする陰謀であったら、私にはこれらの情報の真偽を確かめる手段がない（仕事関連の感染者については、第三者から話を聞いた）。自分が感染者でもなく、この目で感染者を見たわけでもないから、私がコロナに関して持ち得るのは「経験的な知」ではなく「非経験の知」つまり「また聞き」の知識に過ぎない。

私ほどコロナ・ニュースを獰猛に追い続ける暇人は少ないが、コロナを私と同様に「非経験の知」としてしか持ち得ない人が大半なのではないだろうか。そしてそのなかの多くがマスクなし会食を体験しても、まったく何事もなく、日々の生活を続けているのではないか。もしそういう人が大半ならば、マスクなし会食が横行するのも、よいことではないが、理解できないことではない。

しかし少ないとはいえ、多くの感染者が出ると、病院はパンクしてしまう。コロナ病棟拡大のため、ほかの病気の診療に影響が及ぶ。そして私が一番懸念しているのが医療従事者の方々のことである。日々苦闘されているにもかかわらず、一般国民の無理解により過度な負担を背負わされている。これに加えて、感染しているわけではないのに、コロナ差別を受けている。もちろん感染している人に対しても差別は絶対にしてはならないが、助けている人を差別するというのは、もう犯罪行為としか言いようがない。

２０２１年春、私の高齢の母親が体調不良で救急車を呼んだ。結果的に高血圧と腹痛だけでその晩に帰宅したのだが、検査のため3時間、救急外来の待合室にいたことは、さらに私の決意を強めた。

母に対する検査はレントゲン、血液検査、心電図などで、全部で3時間かかった。その間、父と私は待合室にいるしかなかったが、そこでの（失礼な言い方だが）ドラマは、全国民に知って欲しいことだった。私の後ろにいた方は、医師から説明を受けていた。その方の親族が日中、急にけいれんを起こして倒れて運ばれたとのこと。医師はその親族の方に、倒れて運ばれた方は「タバコを吸われるか、酒を飲まれるか」などと質問し、いまは呼吸器をつけて意識不明だと告げる。そして、おそらく脳炎ではないか、と。

また別の方は、救急外来の別の診療室から待合室に入るや、声をあげて泣いている。さらに別の方は、親御さんが運ばれて入院することになり、受付の方に必要な手続きについて質問をしている。コロナによって面会はできないから、必要なものを揃えて、明日持ってきてください、と。

3時間後、担当してくださった医師が来て、検査結果にまったく異状はないので、今日は帰宅してよい、と。ただ、母は自分ひとりでは歩けないので、私に対して「なかに入ってください」と言い、先導してくれた。母は救急外来の診療室の入り口から見て、一番奥にいた。だから私はすべての患者さんの横を通りながら先に進む。私はマスクはつけているが、息を止めながら（意味のない行動だが）、衣服についている（かもしれない）ウイルスをふりまかないようにと、静かに歩いた。

その間、ひとりだけベッドに腰かけていたが、あとは全員、意識なく寝ていて、半数は酸素吸入器をつけていた。結果的に母の状態は深刻でなかったから、こんなことで大事な医療資源を使ってしまい、申し訳ない気持ちになった。ここはコロナ以外の救急外来だが、頭によぎったのは、「もしこれでコロナ患者が殺到したら、病院はパンクするな」と悲しくなった。

全体の傾向として、東京の感染者が1日800人を超えると、全国的に緊張感が走り、政府も本腰になる。東京の感染者数が800人から900人くらいになると、重症者は50人くらいになる。ベッド数自体を増やすとパーセンテージも変わるが、50人だと重症者を収容できる病床の15％弱になるが、これはあくまで「数字上」の話である。これは数値化しやすい「ベッドの数」を意味するに過ぎず、実際に治療できる人数はもっと少ない。ひとりの患者さんに多数の看護師さん、とくに経験豊富な看護師さんが必要になるからだ。

1章でECMO《エクモ》の話をした。コロナには結局、万能の治療薬はなく、対症療法によって自力で体外にウイルスが出ていくための時間稼ぎをするしかない。本当に深刻な人は肺がボロボロになり（線状化、すりガラス化）、機能を停止しているから、そうすると血液に酸素を供給できずに亡くなってしまう。ＥＣＭＯは一度血液を体外に出して、この装置に入れて、そこで酸素を注入して人体に戻す。これによってこの間、肺を休ませる。この機械の操作には熟練の技が必要で、精通した医師と看護師さんが複数人必要になる。重症患者を収容するには、ベッド数だけでなく、対応できる医師・看護師の人数も考慮しなければならない。

　ここにすべての矛盾が集約される。日常生活で一般の人が感染する確率は、私の見立てが大きく間違っていないならば、０・03％に過ぎない。しかし感染した人のうち、ほんの数パーセントでも重症化したら、それだけで病院はパンクしてしまう。医療機関は狭いボトルネックであり、そこを通り抜けなければ先に行けない人の数に比べて、間口はとても窮屈である。そして人口比では少ない数でも、みんなが低い確率だと見なしてマスクなし会食を続ければ、病院では対応できないほどの患者が押し寄せて、医療従事者を疲弊させてしまう。どちらが優先されるべきか？　私は死者と重症者を減らし、医療現場の負担を軽減するほうを優先すべきだと思う。

## 都市封鎖

しかしこれによって飲食店が営業時間を短縮したり、さらには休業しなければならないとしたら、それは飲食店にとっては不条理極まりない。自分の罪ではないのに、その責任を負わされるからだ。問題は客がマスクなしで会話するからであり、みんながマスク会食を徹底すれば、ゼロにはならないものの、医療現場の負担を軽減できるほどに、感染者数を減らすことはできる。客の不用心な行動の責任を店側が取らされる。なんと理不尽なことだろう。

しかし2021年4月末からの3回目の緊急事態宣言では、さらに対策が強化された。飲食店のみならず、デパート、イベントなど、人が集まるところのすべてが規制の対象になった。要するに、一気に全域で人の動きを止めようという試みである。2020年春の欧米のロックダウン（都市封鎖）ほどではないが、この1年間の日本のレベルからすれば、一歩踏み込んだが、4回目の緊急事態宣言では、デパートなどの大規模商業施設へは休業要請を行わないことになった。しかし両方の緊急事態宣言では、飲食店で酒類は提供できなかった。

初期の頃、最も衝撃を受けたのがイタリアからのレポートだった。当時、ヨーロッパのなかでもイタリアが中心地と言うくらい、感染者数、死者ともに最悪だった。当時の政権は外出制限を行い、一気にウイルスを封じ込める策に出た。私はその映像を見て、繁華街に人がまったくいない姿は映画ではないかと勘違いするほどであった。

インターネットの時代に生きていてよかったと思うのは、このような映像が自宅で見られることである。とくに驚愕したのがスカイニュース（Sky News）の特別レポート*注1と、ネット専門チャンネルのＶＩＣＥニュース（VICE News）のドキュメンタリー*注2だった。

このふたつは秀逸だから、1年半も前のものだが、いまでも見る価値はあるので、注釈を加えておこう。スカイのものは「Italy's coronavirus journey（イタリア、コロナの旅）」というタイトルで、ユーチューブにアップされたのは２０２０年5月だが、テレビ放映は少し前のはずである。だから２０２０年3月から4月くらいのイタリアの模様と考えてよい。本編は確か45分くらいあったが、今回この執筆のため、久々に検索してみると、全編版は削除されていて、5分間から13分間の細切れのものに分割されていた。注のＵＲＬはそのうち一番長い13分のものである。

ＶＩＣＥのものは「Inside Italy's Coronavirus Epicenter（イタリアのコロナ震源地の内側）」というタイトルで、もともとネット用なので、２０２０年4月15日のアップ日が放送日ということになり、やはり２０２０年3月から4月のイタリアの様子が映し出されている。これは24分間のオリジナル版がそのまま見られる。

すべて英語とはいえ、映像だけでも見る価値があるので、だれでもアクセスできる動画について言葉で紹介するのも無粋なので、「ぜひ見てください」としか言いようがないが、スカイのほうはイギリス人のローマ特派員のレポートなので、イタリアを熟知した人がその目線でイタリア人の心情を地道に追っている点で、優れた作品である。

ＶＩＣＥのほうは同局のシニア記者がレポートしているため、必ずしもイタリア通ではないけれど、ネット専用チャンネルだけあって、映像が生々しく衝撃的である。死体の入ったビニール袋を映しているくらいであった。前者が静で、後者が動といった捉え方で、両方合わせて、当時のイタリアの悲劇がトータルに理解できるのではなかろうか。

両方に共通しているのは、記者本人が病院内からレポートしていることと、カメラが患者さんたちの苦しそうな姿をそのまま捉えていること、さらには袋詰めとはいえ死体を映していること、そして一方で、閑散とした繁華街の世紀末的な雰囲気をうまく描き出している。

ロックダウンは、日本のような飲食店や商店に対する休業要請と質的に異なり、完全に、一般人に対して「外に出るな!」という命令である。「要請」ではなく休業命令はそのひとつの駒に過ぎず、警察の取り締まりは店だけでなく、許可証なしに街に出るすべての人たちに適用される。だからスカイの記者が街を取材している際、警察が寄ってくる模様も映されていたが、映画のワンシーンとしか思えないほどのシューールレアリスムであった。「ここまでしなければならないのか?」と驚くほどの徹底した外出制限も、ドキュメンタリーの半分を占める病院からのレポートを見れば、うなずける。これほど苦しむ患者を出さないために、ビニールに入れられ倉庫に積まれる死体をこれ以上出さないために、そしてこれ以上、医療関係者を追い詰めないためには、こうするしかない。

その意味では、日本は平和である。これは卑下でも、悪口でもない。日本人の高い衛生意識がわれわれ自身を助けている。2020年春のイタリアほどの外出制限を経験しなくて済んだことは、本当によかった。そしてこの間も、呑気に(失礼!)マスクなし会食ができたのも、イタリアほど感染者も、死者も凄く少なかったからである。

## 想像による危機意識

ＶＩＣＥは後半で、ある家族の葬式をレポートし、祖母を亡くした孫娘にインタビューしていた。感染者も死者も多い国では、日本よりコロナは身近だったのではないか。だからこそ、不承不承でも、イタリアを始め都市封鎖を経験した国の人びとは、厳しい外出制限を受け入れたのではないかと感じている。

翻って日本は、高い衛生意識というわれわれ自身の努力によって、感染の確率が低いため、コロナを身近に感じられる人が少なく（これ自体は素晴らしいこと）、それによって医療現場のたいへんさが理解できない。一時は病院からのレポートもあったが、減ってきた気がする。憶測だが、コロナ差別の悪影響ではないだろうか。身近にも、映像でも、コロナの脅威を知ることができない人たちに、どうしたらマスク会食をお願いできるのか。結局は個々人の「想像力」に頼るしかないのだろう。

この想像力はふたつで構成されていて、ふたつともが揃わないと効力を発揮しない。知識力と感情移入力である。知識力はコロナに関する正しい情報をみずから積極的に取りにいって身につけること。感情移入力は、みずからを医療従事者の立場に置いて、その苦しみを自分のこととして感じること。

後者はいつか改めて考察したいが、前者に関してはふたつの方法がある。ひとつは政府や信頼のおける研究機関のレポートをちゃんと読むこと。そして、やはり映像のインパクトは圧倒的だから、動画を活用すること。しかし日本の場合は、先ほど述べたように、コロナ差別の影響もあり、報道機関が病院内に突撃してレポートすることがむずかしい（もしかしたら感染を怖れる報道側の萎縮もあるかもしれない）。いくつかの病院が報道陣に内部を公開しているが、スカイやVICEのように苦しんでいる患者を映すことはできない（顔はぼかしている）。しかしあの息もできないほどの激しい咳の連続を一瞬見ただけでも、コロナの威力はわかるはずだ。

私はこれらパラレル・ワールドの存在をいまでも把握できていない。まったく異なったふたつの世界がひとつの社会のなかに共存しているという現実を受け入れられないでいるし、学問的にも、ふたつの平行世界を包摂する世界像を見つけられないでいる。

一方に、楽しそうにマスクを取って、おしゃべりをする若者がいる。そして社会の反対側には、時間的には同時進行しているが、まったく別の世界に、言葉では表現できないほど、身を粉にして、誠心誠意、患者に尽くしている医療従事者がいる。「まったく別の世界」とは時間的・空間的に別の場所ということではない。同じ日本社会という共同体のなかに住む同じ日本人である。むしろ日本社会という意味では、時間と空間を共有しているものの、質的に別の「世界」としか表現しようのない場所に、それぞれは相手と交流することなく定住している。この「世界」は物理空間というよりは、精神的な居住地のことで、その人を取り巻く関係性の総体である。

重症者には看護師さんたちは、ずっとつき添っていなければならない。それは超人的な精神の逞しさであり、美しさである、その高い精神性を感じることができるならば、マスクなしの会食なんて、できないはずである。

＊注1　https://www.youtube.com/watch?v=q9MhoVpHAeg
＊注2　https://www.youtube.com/watch?v=2wKod86QYXw

# 第5章　コロナの終息

## 「しゅうそく」の意味

一時期に比べてコロナの「収束」または「終息」という言葉を見かけなくなった。「もう終わって欲しい」という希望的観測が消えてしまった証拠だろうか。しかし同じ「しゅうそく」と読むふたつの漢字は明確に定義されてこなかった気がする。

ネットの辞書weblioを引用すると「新型コロナウィルス感染症における収束とは、新規感染者数が一定期間減少傾向にあり、医療機関が落ち着いた状態にある時である。一方、新型コロナウィルス感染症の終息といった場合には、ワクチンが開発され、新規感染者がほとんどいない状態を指す*注1」とある。

私は独断と偏見で、独自の定義を提出したい。「収束」は世の中にまだ新型コロナウイルスは存在するが、人間の努力で感染者を医療機関が対処できる程度にまで抑え込んでいる状態で、「終息」はウイルスが変異をくり返して人間にダメージをもたらさなくなる状態にまで変化するか、完全にすべてのウイルスが下水道を流れて浄化され、この世から消えた状態としたい。

言い換えれば、「収束」状態では、まだ人間に悪さをするウイルスは存在している。そしてまだ少数とはいえ、感染者はいて、重症化する人もいる。しかし多くの人が安心して2019年頃までの生活を取り戻せる。一方の「終息」状態は、ウイルスの変化か、または人間の努力かは別にして、完全にゼロ、とまでは言わないにしても、麻疹やポリオくらいまで、人びとの記憶から消えるくらい、この世の中に存在しなくなったこととしたい。

「収束」にまで持っていくのは100％人間の努力である。2021年4月から5月にかけての3回目の緊急事態宣言で、飲食店での酒類の提供を自粛してもらい、デパートなど人の集まるところへは休業を要請し、イベントは無観客にするよう求めたのは、あくまで「収束」に持っていくための努力である。ウイルスを持っている人が出歩いて別の人にうつすのを防ぐには、一度、人の動きをほぼ完全に止めなければならない。そしてそれは最低2週間必要である。ウイルスを持っている人が別の人と濃厚接触しないまま、ウイルスをトイレに流して欲しいからである（2021年7月から9月の4回目の緊急事態宣言では、飲食店での酒類提供の自粛要請だけが残った）。

一方の「終息」に至るには、ふたつの道がある。ひとつは超人的な人間の努力。もうひとつはウイルスの弱毒化である。前者は「収束」を導く人間の努力を超人レベルにまで引き上げて、この世に存在するすべてのウイルスを下水に流すことである。しかしこれがほぼ不可能に近いのは、仮に地域限定で、その地域にあるウイルスをすべて廃棄できても、地域を超えた交流を認めるならば、どこかにあるウイルスは入ってくる。

ということは、ウイルスの変異を待つしかない。このことに気づいたのは「ワクチンは、あなたに届くか？」（NHK NEWS WEB 2020年9月3日）という記事を読んだ時である。*注2題名のとおり、世界的なワクチンの争奪戦が議論されていた2020年夏頃の話で、価格交渉に携わった「厚生労働省医系トップを務めたキーマン」へのインタビュー記事である。

記事の大半は、ワクチンの調達方法、厚生労働省特命チームにまつわる秘話、厳しい海外製薬会社との交渉、価格、ワクチンの効果、ワクチンの開発状況と製薬会社ごとの進捗状況、国内製薬会社の現状、ワクチンの確保のための国際的枠組み、接種の優先順位をめぐる話である。そして最後の最後、普通なら読み流してしまうところに、以下のような発言が出てくる。私はこの時、心のなかで「これだ！」と雄叫びをあげた。

「このウイルスも3年か5年か7年か分からないが、いずれ弱毒化していくのは間違いない。その間、ワクチンや治療薬、さまざまな社会的な政策によって、感染を抑えて、混乱が起こらないようにしていくことが大事です。ワクチンはその中の非常に重要な柱なのです」

私はこれをもって本当の「終息」となると考えている。「最大で7年も？」とブチ切れそうになる方もおられるだろうが、おおよそ人間の記憶から去っていくレベル（少数はまだ感染し続ける）と、人間に悪さをする現状の新型コロナウイルスがこの世から完全に消滅するレベルとのあいだには大きな差がある。前者を導くには人間の努力があれば可能であるから、本気になれば来年くらいにはマスクを外せるかもしれない。しかしこの状態では、記憶から去っても、ウイルスは存在している。ウイルスが消えるか、人間に悪さをしない形態に変化することが、本当の終わりである。そうなれば、毎年の感染者をゼロにできる。

## ウイルスの進化

ここからは私の推測だから、それを承知で流し読みしていただきたい。私はイギリス滞在中、最初の2年間は哲学部の大学院生として、英語圏の哲学（分析哲学）を学んだ。それからだましだましビザを更新しながら、7年間（通算で9年間）ロンドンに住み続けたが、哲学以外で一番勉強したのが進化論であった。

とはいえ、これは私のなかでは別物ではない。私が求める哲学にはふたつの傾向があり、ひとつは科学を真剣に受け止めること、もうひとつは職業的哲学の問いに限定されることなく、人間・社会・自然をトータルに理解することである。人間の行動が社会をつくりあげ、人間は生物であるから自然的存在でもある。人間を軸に社会と自然を総体として捉える枠組みを探求し続けた。そして当時の暫定的答えが進化論であった。

「進化心理学」という学問が流行っていたこともあり、ロンドンの本屋の科学本コーナーには多数の進化論関係の書籍が並んでおり、それを一時期は端から端まで読破した。ただし、いまになって思うと、人間行動を進化論だけで説明するには無理があり、結局、飽きてしまい、いまはもう何も読んでいない。

人間行動学として進化論を学ぶ前提として、進化論自体を知っておかなければならない。物理学と違い、難解な数学を理解できなくても中身はわかるから、私のような生粋の文系にふさわしい自然科学の分野である。さらにイギリスはダーウィンを輩出した国でもあり、進化論の解説本は無数に入手できた。

それを最後に読んでから20年近くたった現在の視点で簡潔に整理すれば、進化とは「変異」と「淘汰」の組み合わせによる種の変化のことである。ダーウィンの時代には知られていなかったが、変異とは遺伝子の変化によって個体が変化することであり、淘汰とは環境に適応できない個体が死滅することで、結果的に種全体が絶滅することである。そして生き残った個体が子孫を残し、種全体が生き延びるのが進化である。これをくり返すと、1万世代後には、種は別の形態（表現型）に変化している。

オスとメス、男と女という性別のある生物では、受精時に父方の遺伝子と母方の遺伝子が混じり合ってシャッフルされるから、これによって次世代の個体の遺伝子は変異する。性選択によって遺伝子に変異を起こす理由については諸説あるが、最も説得力があるのは、寄生虫から身を守るために世代ごとに遺伝子を変化させる、というものである。進化論的に正確に言うならば、世代ごとに遺伝子の変異をくり返してきた種が寄生虫の餌食に遭わずに生き延びた、とするべきであろう。

われわれの知る通常の生物の変異はこのように起きる。そして新たな組み合わせの遺伝子を持つ次世代の個体は、ある特定の環境のもとに生まれ落ちる。もしその環境に適応できれば生き残り、子孫を残す。するとその遺伝子は、シャッフルされるものの、次の世代に受け継がれていく。一方、その特定の環境に適応できないと、その個体は死滅する。同じ種の個体は似た形態（表現型）を有するから、やはり同じ種の他の個体も死滅する。その結果として、種全体が絶滅する。

同じ種でも性選択で少しずつ遺伝子の構造は変化していくから、環境に適応するごとに微妙に遺伝子は変化して、それが1万世代を経ると、種が変化する。これを後世の人が後づけで「進化」と呼んでいるが、進化はあくまで個々の環境への適応のことで、数世代にわたる集積に過ぎない。だから進化に「目的」も「意味」もない。

ここまではわれわれの知る性別のある生物の進化について見てきたが、ここからはこれをもとにした私の推測である。ウイルスの進化は「淘汰」部分は同じだが、「変異」部分が異なる。性別がないからである。しかしそれでも「変異株」と言われるように、変化をくり返している。これはすでに述べたように、コピー時の「ミス」による。

確認すれば、ウイルスは遺伝子（ＲＮＡ）をタンパク質が包んでいる構造をしており、それが人間の口や鼻から気道に入ると、人間の細胞（タンパク質）を材料にして増殖を始める。私は人体からタンパク質を奪って、そこに自分の遺伝子をコピーしていくことと理解している。

ウイルスは正確な複写機とは違い、必ずしもいつもひとつの配列も間違えずに転写するわけではない。そのミスは無数にあり、そのミスによって、一方では人間に反応しないウイルスに変異する場合もあるだろうし、もう一方では飛沫を遠くに飛ばすような変異をつくりだすかもしれない。実際、２０２０年当初の「武漢タイプ」と同年春からの「ヨーロッパ・タイプ」では、後者のほうが飛沫が遠くに飛ぶそうである。*注3 さらには、若い世代をも重症化させるほど悪性を強める変異が起こる場合もある。

おそらく、その変異の数とパターンは人知を超えるほどの数になるだろうが、そのうちいくつかはしばらく人間に反応し続ける。これはウイルスから見て「生き残った」状態である。先のＮＨＫによる厚生労働省の医務技監へのインタビューでは「弱毒化」の意味は解説されていないが、以上の理論的枠組みから、私はウイルスが変異をくり返していくうちに、人間に反応しない形態になると理解している。だから「3年か5年か7年か分からない」のである。人間の努力とはまったく別次元の、ウイルスが勝手に行う変異に依存するしかないからだ。

私のこの見方が完全に正しいとは言えないまでも、間違ってもいないとしたら、この医務技監の言葉も理解しやすい。もう一度引用すると「このウイルスも3年か5年か7年か分からないが、いずれ弱毒化していくのは間違いない。その間、ワクチンや治療薬、さまざまな社会的な政策によって、感染を抑えて、混乱が起こらないようにしていくことが大事です。ワクチンはその中の非常に重要な柱なのです」。ワクチンは人間の手を離れたウイルス自体の「弱毒化」までの時間稼ぎのために中心的な役割を果たすということである。

## ウイルスの活性期間

ウイルスは生物ではないから、正確には「生存」するのではなく、効力を保ち続けると言うべきである。感染経路は飛沫と接触で、飲食店がターゲットになるように、中心的な感染経路は濃厚接触者からの飛沫感染である。しかしマスコミでも、研究機関のサイトでも、接触感染についてはあまり見かけない。だから物に触ることの危険性については不明なことが多い。

ただ、理屈上は危険であることに間違いない。家族から感染者が出たらどうすべきかという話も一時期よく目にした。感染していない家族も買い物に出られないのか、と。たくさんの記事を読んだので、もう出所は覚えていないが、専門家によれば、買い物をしてもいいが、マスクをして、買う物だけを触って、一度触ったものは戻さず、必要なものを短時間で買って店を出て欲しい。

接触感染の典型例では、1章で書いたように、くしゃみや咳の際に口を覆った手でドアノブを触り、その後に来た人がそのドアノブを掴み、そのまま口や鼻にその手を持っていくと、前の人のウイルスが後ろの人に感染する。ならば、同じ事はお店の商品でも起こるはずだ。日々、スーパーなどに買い物に行くと、いまでもまだ触った商品を買わずに棚に戻す人がいる。もしその人の手にウイルスが付着していて、後から来た人がその商品を掴み、手を洗うことなく口や鼻にその手を持っていったら、後の人にウイルスは感染する。

しかしウイルスはそのまま放置されると効力を失う（「不活化」または「不活性化」）。もし世の中のすべてのウイルスがこのような状態で放置されれば、やはりこれでコロナは

「終息」する。その期間はどのくらいか。無数のサイトを見てきたが、一例として産経新聞から引用すると「新型コロナは主に、感染者のくしゃみなどによる『飛沫感染』のほか、ウイルスが付いた場所を触った手を介する『接触感染』で広がっているとみられる。米国の研究結果では、プラスチック上で最大72時間は感染力を維持するのに対し、段ボールでは24時間、銅では4時間で感染力を失ったという。一方、ヒトの皮膚上での研究は感染のリスクがあるとして進んでおらず、生存期間は分かっていなかった」*注4となる。

そしてこの記事の図によると、空気中（エアロゾル）の生存期間（既述のように、ウイルスは厳密には生物ではないので、正確なところは「効力を保ち続ける期間」とすべきであろう）は3時間、銅は4時間、人間の皮膚は9時間、段ボールは24時間、ステンレスは48時間、プラスチックは72時間となっている。

時間は前後するが、2020年春のコロナ禍の初期の頃、個人のお医者さんのフェイスブック（Facebook）が話題になり、NHKが取り上げた（NHK NEWS WEB 初出は2020年4月15日、以下の引用は2021年1月13日掲載の記事から）。タイトルは「医師が記したコロナ予防法〝敵は塗りたてのペンキ〟」*注5で、ウイルスに気をつける方法を指南した、いまでも通用する秀逸なインストラクションである。そのなかに「さらに眞鍋さんの家では外から届いた荷物などを念のため、玄関に72時間放置してから開封しているそうです。時間がたつとウイルスは不活性化するからです」とあり、それから私は物に付着したウイルスについて考えるようになった。

## いつまで？

これがいつまで続くのか、この疑問は無数の人が無数回、問い続けてきたものである。とはいえ、哲学を学んでいると「何をもって、いつ？ としているのですか」と理屈をこねたくなる。哲学研究者とは、定義好きの種である。

アメリカのバイデン大統領は「新型コロナウイルスの感染状況について『次のクリスマスまでには、かなり違う状況になっていると思う』と述べ、ワクチンの接種を進めることで、ことし12月ごろまでには事態の正常化に近づけたいという考えを示しました」と報じられている。*注6

一方『MIT Technology Review』（２０２０年4月17日）は「米国での新型コロナウイルス感染症（COVID-19）の蔓延をモデル化したハーバード大学公衆衛生大学院の研究者

による新しい論文によると、『２０２２年まで、長期または断続的な社会的距離（Social distancing）政策が必要になるかもしれない』という」と書いている。*注7

バイデン大統領の「正常化」とは何を意味するのか。人びとがマスクなしで会食できることを意味するのか、それとも感染者数がゼロ近くになることなのか、それとも弱毒化まで行くのか。私はこれを、おおよそ昔の生活を7~8割取り戻せるということと推測する。感染者は減るものの出続ける、マスクは会食など要所要所では必要、しかし日本で言うところの緊急事態宣言が発出されたり、「まん延防止等重点措置」が適用されることはなくなるということであろう。おそらく２０２２年になって、「緊急事態」とか「まん延防止」という言葉が記憶から消える程度が最善のシナリオなのではないだろうか。

*注1　https://www.weblio.jp/content/%E5%8F%8E%E6%9D%9F

*注2　https://www3.nhk.or.jp/news/html/20200903/k10012596971000.html?utm_int=tokushu-new_contents_list-items_401

*注3　https://www3.nhk.or.jp/news/html/20201113/k10012709341000.html

*注4　https://www.sankei.com/west/news/201009/wst2010090033-n1.html

＊注5　https://www.nhk.or.jp/seikatsu-blog/400/442092.html

本文中で説明したように、オリジナルの記事は２０２０年４月15日掲載され、私はそれを読んでいた。今回、引用するために検索したところ、元記事は削除され、このＵＲＬに移転していたので、こちらの最新版を採用した。

＊注6　https://www3.nhk.or.jp/news/html/20210217/k10012872461000.html

＊注7　https://www.technologyreview.jp/s/199595/social-distancing-until-2022-hopefully-not/

# 第6章　コロナ差別

## 屋外でのマスク着用の是非

自称〝コロナ・オタク〟の私からすれば、家から一歩でも出れば、いつでも必ずマスクをするのが当然である。コンビニを始めとするあらゆるお店でも、入り口に「入店の際はマスクの着用をお願いします」と書いてある。

一時期は、あるチェーン店のカフェでも、入り口に「店内では、お食事中以外はマスクの着用をお願いします」と書いてあった。しかし数日後に消えていたのは、反発する客がいたからなのだろう。お店の人に対して逆ギレする人がまだいるということか。毎朝の散歩コース沿いにあるラーメン屋さんだけはいまでも「店内では、お食事以外の時はマスクの着用をお願いします」と手書きの紙を貼り続けている。お店側に度胸があるのか、理解ある寛容なお客さんが多いお店なのか。おそらく両方だろう。

とはいえ、一歩外に出てから帰宅まで、ずっと着用するのは嫌だという人には、せめて室内での着用をお願いしたい。感染は三密（密閉・密着・密接）で起こりやすく、この条件は室内で揃うからである。

しかし3回目の緊急事態宣言が始まった2021年4月後半頃から、外で飲むのも危ないという話が出てきた。実際にバーベキューなど屋外の会食でのクラスターが報告されたり、3回目の緊急事態宣言前の「まん延防止等重点措置」で居酒屋が夜の8時で閉まってしまうため、その後、街中で飲み続ける若者がいるという報道もあった。*注1

スーパーコンピューター富岳のシミュレーションでも、屋外でマスクをせずに会話すると飛沫が広がるとの結果が出ている。*注2 これに関してはていねいに分析したいので、長く引用しておこう（NHK NEW WEB 2021年4月23日）。

1「シミュレーションでは、屋外で10人がテーブルを囲んで輪になって飲食している場面を想定しました」

2「向かい合う人どうしの間隔を1メートルとし、風が吹いていない無風の状態でマスクをつけていない人が30秒間、大声で話をした場合、正面の人とその両隣の3人が飛まつを浴びるという結果になりました」

3「また、毎秒0・5メートルのそよ風が吹いている場合は、小さな飛まつは周辺に広がり、正面や風下にいる人など合わせて6人が飛まつを浴びたということです」

4「大声を出す人がマスクをつけていた場合は、周りの人に飛まつがかかることはありませんでした」

5「グループでは、向かい合う人どうしの間隔を1・7メートルに広げた場合についても、シミュレーションを行いました。／その結果、風が吹いてない状態でマスクなしで大声を出すと、間隔が1メートルのときと比べて飛まつの量は半分に減ったものの、やはり正面とその両隣の3人が飛まつを浴びるという結果になりました」

2章で、ウイルスは水分を含んでいるため、室内の湿度を上げると湿気を含んで重くなり、落下しやすくなると述べた。一方、三密の「密閉」状態を避けるためには、2方面の窓かドアを開放しておくべきとも述べた。さらに、ウイルスの落下を速めるには無風のほうがよく、反対に、ウイルスを滞留させないためには風があったほうがいいとも説明した。

厳密に捉えると、両者は矛盾している。実はこれを矛盾と感じたのは、上記のようなニュースを数多く読んできたからだろう。この1年間、無数の記事、サイト、報告書などを読み続けてきたため、ひとつひとつの出典を明らかにできないのが悲しく、情けなく、そして書いている身として、読者のみなさまに申し訳ない。しかし可能なかぎり、私が当時読んだ記事そのものではないにしても、証拠となるような報道や研究を注として入れるよう努力している。そのひとつが富岳のシミュレーションである。

引用の2、無風状態で飛沫は正面とその両隣の3人にかかる。一方、3の微風が吹いている場合は、6人が飛沫を浴びた。風があることで、かえって感染者を増やすことになったということだ。「これだ!」と断言できるような完璧な感染防止策がないのは、このように状況次第で飛沫の拡散の仕方が変わってしまうからである。

次に5では、人との距離を1・7メートルに広げても、飛沫量は減るものの、3人が飛沫を浴びている。これも以前書いたことだが、「濃厚接触」の定義は「マスクを着用せず」、「1メートル以内で」、「15分以上」会話するというものである。文字どおりに受け取るならば、1メートルの間隔があれば感染しないだろうということになる。しかし富岳のシミュレーションによれば、1・7メートルでも飛沫は届いてしまう。

「濃厚接触」は保健所が、感染者がウイルスをうつしていると思われる人を追跡する際の指針であり、これをもし2メートルに延ばしたら、保健所では対応しきれないほどに、濃厚接触者の数が増えてしまう。だから「1メートル」は行政の指針に過ぎず、われわれ一般人が日常生活を送る際は「2メートル」の間隔を維持しなければならない。富岳はそれを科学的に示してくれた。

そして4に戻れば、やはりマスクには効果があることが証明された。むしろロックダウン（都市封鎖）に踏み切るよりも、マスク着用を義務化して、それを取り締まったほうが感染対策と経済活動は両立するのではないだろうか。不用心にマスクを外して話を弾ませる人の責任を、飲食店だけでなく、商業施設からイベントまで、とてつもなく多くの人が負わされている。不条理この上ない。

## ランナーのマスク着用の是非

このように、基本的にはマスクは室内では絶対必需品であり、人がいないことを前提に、屋外ならば取ってもよいと言われてきた。しかし富岳のシミュレーションによれば、マスクなしでランナーが会話していると、その飛沫は後方3メートルに届くという。*注3

富岳の今回のミッションは「屋外を歩行中に周りの人がさらされる感染リスクについて調べる」ことで、マスクなしで立ち止まっている人、歩いている人、走っている人、それぞれが話しているとして、その飛沫が周りの人にどれだけ届くかをシミュレートした。立ち止まっている人の飛沫は前方に1・5メートル、歩いている人の飛沫は後方の2メートルから3メートルも流れるそうである。そしてこの記事は「研究チームは、マスクをせずに歩きながら会話している人との距離は3メートルほど取ることや、ジョギングを一緒にする場合は後ろで長時間伴走するのは避けるよう呼びかけています」と結論づけている。

私は科学的証拠として、マスクなしランナーの危険性について知ったのはこれが初めてであったが、それまで推測的な知識として語られてきたことをもとに、マスクなしランナーには近づかないことにしていた。雨の日以外、私は必ず毎日2時間ウォーキングするようにしている。コロナ前はランナーがよく利用する場所を歩いていたが、コロナ以降、そこには行かないようにした。もう半年以上は近づいていないので知りようがないが、まだ緊張感に満ちていた2020年4月の1回目の緊急事態宣言の最中でさえ、3分の1はマスクをしていなかった。そして、この緊急事態宣言が明けてからは、マスクなし人口は一気に増え、半年前、最後に訪れた時は、半分以上はマスクを着用していなかった。

もちろんマスクをして走ることのむずかしさは理解しているつもりだ。私でさえ、信号無視をしないよう、信号のタイミングが合わない時は走るので、ランニング中にマスクをしているとどれほど息苦しいかは、少しはわかる。しかし屋外とはいえ、密集しているところでも、平然とマスクなしで息をぜいぜいさせている人が近づいてくると、「非常識！」と叫びたくなる。

そこで仕方なく、人通りの少ないところに移ることにした。しかし今度は普通の歩行者のなかでマスクなしの人を見かけるようになった。とはいえ、マスクをしない人みんなが非常識なわけではないだろう。その人は専門家ではないが、私以上にコロナに詳しく、飛沫の拡散の仕方について完璧に熟知しており、室内では完全無欠なほど着用し続けるが、屋外に関しては、どういう状況ならば外してよいかを理解しているので、その知識をもとに、偶然、私が見た時だけ、マスクを着用していなかったのかもしれない。だからマスクなし歩行者の全員を責めることはできない。

しかし、それでも、このご時世で平然とマスクなしで歩いている人を見ると、「ふてぶてしいなぁ」と感じてしまう。そのうち、感染者数が増えてきて、マスコミや政府レベルでは緊張感が増してきても、街のなかでマスクをしない人が平気な顔をして闊歩していた。

しかし、たまに一般の歩道をマスクなしで息を切らせて私に突進してくるように走ってくるランナーに出くわす。情けないが、私は思わず「マスクをしないなら、もう少し端を走ってくれませんか」と言ってしまった。

私の知識が正しいかどうかはわからないが、自分のなかでは、息を切らせて走ってくる人が1メートル以内に接近しても、私は感染しないと思う。そう、そのランナーが無症状ながらウイルスを持っていても、そしてその息の一部が私の顔にかかっても、私は感染しないであろう。「ならば、文句を言わなくてもいいんじゃない?」と思われるだろうが、問題は私が感染するかどうかではない。その態度が気に入らないのである。

なぜ感染しないのか、その理由を述べておこう。これはまったくの素人の邪推であることをお断りしておく。「濃厚接触」の定義に「15分以上」の会話というのがある。勝手な推測だが、感染させる、つまり私の口か鼻に届いたウイルスが人体に悪さをするくらい増殖するためには、それなりの量のウイルスが私の内部に入る必要があるのではないか。つまりウイルス入りであっても、一瞬だけ息を吹きかけられた程度では、充分なウイルス量には到達しないのではないか。だから、通りすがりに息を吹きかけられたくらいでは、感染は起こらないと思う。

ただし、ゼロではないだろう。本当に稀にピンポイントで、ウイルスを持つランナーの息にウイルスが凝縮していて、顔を向けた方向に、まさにドンピシャというほど、完璧な角度で私の顔が向き、同時に口を大きく開けて深呼吸していたら、感染する可能性は排除できない。しかしこれは感染者と出会う0・03%よりももっと低い確率、たとえば航空機事故で死ぬくらいの確率ではないだろうか（ネットでは諸説あったが、あるサイト*注4では0・0009%とあった）。

## 正義感と差別の境界

いままで私が説明してきたすべてのコロナ知識から判断して、私は新型コロナウイルスに感染することは、本人の責任ではないと感じている。私は感染していないが、何度も感染していてもおかしくない状況に置かれた。相手を責めるつもりはないが、私にしてみれば、その状況は不可抗力であり、私がコントロールすることはできなかった。いまでは会食相手に「このご時世ですのでやめましょう」とか、断り切れない時は「こんな状況ですから、マスクをさせてもらいます」と言うことはできる。しかし2020年の秋までは、なかなか理解してもらえなかった。クライアントに「取りましょう」と言われれば、マスクを外さざるを得ない。もしそこで感染していたら、私自身、自分を責めることはできない。そしてこれはほかのすべての感染者に言える。

しかし一方で、マスクなしで息を切らせて私に接近してくるランナーを見ると、戸惑いというか、正直言うと、無性に腹が立つ。感染者に責任はないから、感染者を差別することは犯罪行為とみなしてよいほど、絶対にしてはならないことである。とはいえ、マスクなしランナーに立腹する自分と、差別する人との差は何かと悩むこともある。もちろん私は差別をしたことはないし、差別を大いに非難する。だが、心情を理解できるかと問われれば、理解できると答えるしかない。立腹という点では、根底は同じかもしれないからだ。

だからといって、入り口に「マスクの着用をお願いします」と張り紙がされたコンビニに平然とマスクなしで入る人を見て、何も感じないとしたら、それはそれで問題だと思う。とはいえ、ここで注釈をつけるならば、マスクをしない人がコンビニで買い物をしても、店員に感染させることはない。というより、絶対に、ない。なぜなら、レジにビニールシートを張っていないコンビニはもうないし、そもそもコンビニという場所では、店の人と客が会話することがないからだ。客どうしも同様で、コンビニとは、無言のまま短時間で出入りする通過点のようなものだ。

　ランナーにしても、コンビニにしても、私の知識が正しいとして、冷静に分析すれば、そこで感染が起こる可能性は限りなくゼロに近いのに、それでも私は立腹している。私はそのふてぶてしい態度に立腹しているのである。つまり走っている時、買い物をしている時、その場面だけでは、その人は（その人がウイルスを持っているという想定で）他人に感染させることはないだろう。しかしその人は、それぞれの場面でそういう態度をしているということは、おそらく感染が起こり得る別の場面でも、同じようにマスクをしないであろう。ということは、私の見ていないところで、その人は他人にウイルスをうつしているかもしれない。そういう無責任な態度に立腹しているのである。

　だから、私の場合は、「私に」感染させ得ることに立腹しているわけではない。これ以上、感染者を増やすような無責任な態度を貫いていることに憤っている。もしこれをカッコよく「正義感」と名づけるならば、正義感と差別は紙一重なのだろうか。この1年半、コロナ差別に関する無数の記事を読んできた。とはいえ、最近は減っているような気がする。差別を助長しかねないとするマスコミ側の配慮か、それともさらなる差別を怖れて被害者が取材を拒否するからなのか。この1年半に読んだ記事すべてを思い起こせればいいのだが、日々、読み流してしまうので、個々の記事を紹介できないのが残念だ。そこで、かすかな手がかりを頼りに検索して見つかった記事を紹介することで、消え去った記憶の穴埋めをしたい。

紹介したい記事は「新型コロナ〝高校クラスター〟はこうして炎上した*注5」で、クラスターの発生した高校が、どういう差別を受けてきたのかを報じたものである。リードには「激しいひぼう中傷やデマ、プライバシー侵害にさらされ、教職員のみならず、多くの生徒たちが心に大きな傷を受けました」とある。そして学校に届けられた誹謗中傷には「日本から出ていけ！」「クズのような学校は潰してくれ！」「どんな教育をしているんだ」があった。これに対して校長先生は「新型コロナウイルスの拡大とともに、偏見・差別・ひぼう中傷の拡大は比例すると実感しました。理不尽と分かっていても、経験した人は深い心の傷を負うことになります。行き場のない怒りが原因を作った本校に寄せられたのだと思いました」と述べている。

「行き場のない怒り」とは何か。自分が感染するリスクを言っているのか、それとも私のように社会全体として感染者を増やすことを咎めているのか。正直、私はＳＮＳ上だけでなく、学校に直接、電話や手紙で誹謗中傷を浴びせかける人たちの心情がさっぱり理解できない。むしろ感染したことに責任がない以上、クラスター発生の報道が当時、実名で流されてしまった学校の生徒と教員が気の毒でならなかった。だから私は匿名で誹謗中傷する人たちに大いに腹が立つ。

私は誹謗中傷する人の気持ちが理解できないから、その人たちの心理を分析することはできない。しかしあえて私自身を守るために、私とその人たちとを区別したい。私は社会全体と、とくに医療従事者、さらには意図せずウイルスを受け取ってしまい重症化したり、亡くなったりする人のことを思うと、不用意にマスクなしで談笑する人や息を吹きかける人に対して、怒りがこみ上げる。「私に」ではなく、私よりも、もっともっと不利な立場にある人のことを思って、憤慨している。

しかし差別する人は、自分の身の安全だけを考えて、自分を危険にさらす人を非難しているのではないだろうか。他者を考慮の中心にするのか、それとも〝自分さえよければいい〟とするのか。これが正義感と差別の境界だと、いまのところ暫定的に定義しておきたい。このテーマは、このあと別の角度から何度も触れたいと思う。

＊注1　https://www3.nhk.or.jp/news/html/20210420/k10012985801000.html

＊注2　https://www3.nhk.or.jp/news/html/20210423/k10012993861000.html

＊注3　https://www3.nhk.or.jp/news/html/20210304/k10012897911000.html

＊注4　https://www.itmedia.co.jp/makoto/articles/1503/25/news012.html

＊注5　https://www3.nhk.or.jp/news/html/20210406/k10012956881000.html

# 第7章　コロナ禍の心理学

## 5人会食の是非

行きつけの店で頻繁にモーニングかランチを食べていると、よくふたり連れのお客さんが対面ではなく、横並びに座る光景を目にする。2章で紹介したように、飛沫のかかり方は正面よりも左右のほうが多くなる。今回は産経新聞で紹介すると（2020年10月13日）、「理化学研究所のスーパーコンピューター『富岳』で新型コロナウイルス対策の評価を進める同所などのチームは13日、『飲食店の4人掛けテーブルで最も飛沫をかぶるリスクが高いのは、感染者の正面ではなく横に座る人』などとする飛散シミュレーション結果を発表した。隣り合う席の間に仕切りを設けるなどの対策と換気を組み合わせるのが重要だとしている」[注1]とのことである。

複数の報道機関で流されているニュースがこんなにも多くの人に共有されないのは、いったいどういうことなのだろうか。むしろ毎日毎日、何時間もコロナ検索をしている私のほうが異常人物ということなのだろう。確かに、多くの人が富岳のシミュレーションについて知ることはないかもしれないが、会話の際に自分の口から出る飛沫が感染経路だという話は、もう常識なのではないだろうか。そして知り合いどうしの場合は、対面よりも、横並びのほうが、お互いの顔と顔の距離が近いから、飛沫も多く届くと推測することはできないのだろうか。

これは知り合いどうしの話であり、たとえば大きいテーブル（カフェのコミューナルテーブルなど）では、他人どうしのそれぞれ別々のひとり客を座らせる場合は、対角だろうと横並びだろうと、ほとんど変わらない。独りでいるかぎり、しゃべらないからである。しかし、もしどちらかを選べと言われれば、くしゃみや咳、独り言の危険性を考慮して、横並びを提案したい。飛沫は正面に行くから、もしかしたら風に乗って対角の人に向かうかもしれないが、真横の人には到達しにくいからである。

しかし、おしゃべりを目的にした知り合いどうしが横並びで座ることに関しては、見るたびに、いまでも不思議である。申し訳ないが、正真正銘の単なる好奇心から「どうして、そんなこともわからないんですか?」とたずねてみたいところだが、喧嘩を売っていると誤解されるので、黙って憶測するしかない。

このように、科学的根拠と日常感覚とのあいだには大きな隔たりがあり、多くの誤解がまかり通っているが、そのひとつに、2021年春頃まで5人以上の会食が続いていたことが挙げられる。もう4回もの緊急事態宣言を経験してきた現在では、そういうニュースは見なくなったが、3回目の緊急事態宣言中の2021年4月後半に、大阪市の職員が5人以上の会食をしていたというニュースがあった。読売新聞(2021年4月24日)によると、「大阪市の松井一郎市長は23日、市職員が3月1日から4月4日の間に5人以上での会食などを行っていたケースが200件以上確認されたと明らかにした。出席していた職員は1000人を超えるという*注2」とのことである。

なぜ会食は4人までてなければならないのか。2020年の暮れ、菅首相が5人以上の会食に出席し、謝罪したことで話題になった。NHKがこれについて特集し、西村経済再生担当大臣の発言として、クラスターの多くが5人以上の会食だったと報じている*注3(NHK NEWS WEB 2020年12月17日)。大臣は「飲酒を伴って、長時間、大人数でマスクを外しての会話が最近のクラスターの特徴的な事例だ。会食のクラスターの8割以上は、5人以上だということを頭に置いて、長時間、大人数はできるだけ避けていただくようにお願いしたい」と述べている。

ＮＨＫは感染症の専門家に4人と5人の線引きの根拠についてたずねている。専門家によれば「4人までだと話す相手は、正面か隣、対角線だけですが、5人になると1人の席が離れることになり、どうしても声が大きくなり、飛まつが飛びやすくなります。離れた人どうしが話をすると、なかなか静かに会食することは難しくなります」と。

さらに「なるほど！」と感じたのは、人間の心理である。専門家は続ける。「マスク会食が呼びかけられていますが、飲食の場で『マスクをしなくてもいい』という人が複数いると、そちらに流れる可能性が高くなります。人数が多い時のほうがそうしたことが起きやすい。現在のひっ迫した医療体制などを考えると感染リスクが上がる5人以上の会食を控えるということは守ってもらいたいと思います」。

## マスクのいろいろ

ここからコロナ禍の人間心理の探究に進む前に、私の好きな富岳のシミュレーションの続きをしたい。マスクの効果である。マスクが飛沫防止に最適なのは、すでに何度も述べたが、それはあくまで「自分の飛沫を人に浴びせない」ためであり、「他人の飛沫を防ぐ」は二次的な目的である。もちろんウイルスが入ってくるのを防ぐ効果はあるが、これに関しては必ずしも万能ではない。

「入るのを止める」よりは「出るのを止める」を主眼に、みんながマスクをすれば、感染拡大は防止できる。どれくらいか。日本経済新聞（２０２０年11月20日）は「世界保健機関（ＷＨＯ）のハンス・クルーゲ欧州地域事務局長は19日、新型コロナウイルスの感染対策で『マスクの着用率が95％に達すれば、ロックダウン（都市封鎖）は不要になるだろう』と述べた。着用率はアジアで高く欧州で低い傾向にあり、有効性の度合いに関心が高まっている」[*注4]と報じる。日本の感染者数が各国に比べて格段に少ない理由は、日本人がマスク好きだからであろう。

マスクが「出るのを防ぐ」ためのものであることを念頭に、富岳のシミュレーションに戻ると、理研のサイトによれば[*注5]、街で一番よく見かける不織布マスクが一番いいようだ。シミュレーションは不織布マスク、綿製の手作りマスク、ポリエステル製の手作りマスクで、どれくらい飛沫を止める効果があるのかを調べた。それによると、「不織布マスクが約8割、手作りマスクが約7割の飛散を抑制」できるという。そして手作りマスクのなかでは「綿製よりもポリエステル製の方がフィルター性能が高いこと、一方で、綿製の方がマスクを透過する飛沫の量が多い分、隙間から漏れる量が少ないことがわかりました」とのことである。

NHKによると、政府の分科会の尾身会長も「一般の人たちが注意することとして、これまで感染しなかったことに基づく油断は禁物であることや換気に今まで以上に注意し、感染防御効果の高い不織布のマスクを着けること、それに人と人との接触を減らすため生活に必要な最低限の外出にすることなどを強調[*注6]」(NHK NEW WEB 2021年4月24日)している。

なお、不織布マスクのつけ方についても、まだ誤解があるようだ。私はこれについても調べたが、正解を知って以降、不織布マスクをしている人をじっと見つめるクセがついてしまい、たまに「なんだ、こいつ?」という顔をされることがある。不織布マスクはあんなに薄いけど、多層構造になっており、上下だけでなく、表裏もある。

上下は簡単で、マスクと鼻の隙間を小さくするために針金が入っているほうが上である。しかしこれを守っていながら、表と裏が逆の人がいる。ちょっとネット検索すればいいのに、と思うが、答えはプリーツ（襞）が下に向くほうが表である。というのも、不織布マスクはもともとの用途として、花粉症対策にも使われる。プリーツに花粉が入って留まらないようにするためには、襞がつくるくぼみは下に向いているほうがいい。だからこれに合わせて、重層構造にも表側／裏側がある。*注7

## コロナ禍の人間心理

この1年半、私は感染することをそれなりに怖れてきた。「それなり」なのは、過信かもしれないが、健康なので、感染しても無症状か、せいぜい軽症だろうと高をくくっていたからである。しかし最近の変異株では、40から50歳代の比較的若い世代でも重症化するリスクが指摘されるようになり、後遺症の報道も多くなってきた。前者については、時事通信（２０２１年４月25日）によると、大阪の数字として「40、50代の重症化率も高く、重症者に占める50代以下の割合は23・８％と、第３波を約６ポイント上回っていた」[*注8]という。後者に関しては、日本経済新聞（２０２１年４月23日）が「コロナ後遺症『ブレインフォグ』　免疫異常が関与か」[*注9]について解説している。

健康面での心配は最近のことで、それまで心配していたのは、コロナ差別や仕事を失うことであった。会社などの組織に所属している人は感染しても戻るところがあり、その組織がしっかりしていれば、世間の誹謗中傷に毅然とした態度で臨み、感染した社員やメンバーを守ってくれるだろう。しかし私はフリーランスであり、守ってくれる組織はない。感染して２週間隔離しているあいだに仕事は失われ、単発の仕事をしているため、以後、お呼びがかからなくなるかもしれない。

確かに、仕事を失うという実利的な面は大きい。しかしニュースの見過ぎなのかもしれないが、差別や誹謗中傷の話を読めば読むほど、〝感染者〟と見なされることの恐怖におののく。一時期は「感染者＝犯罪者」のような扱い方がされていたような気がする。いまはもう、これほど感染者が増えてきたし、政府も毅然とした態度で人権問題として扱うようになったので、風評に関する懸念は収まっている気がする。

しかし私がコロナ禍の人間心理として一番注目するのが、５人会食の項で軽く触れたが、感染を導く意識である。私は会食しても感染せずに済んだが、それは同席し濃厚接触した相手が偶然に、幸運なことに、ウイルスを持っていなかったからに過ぎない。つまり「全員がウイルスを持っているかもしれない」という想定で行動すべきだったはずなのに、相手の気分を害さないように、と自分に妥協してしまった。その人間の弱さが感染を拡大させていると思う。５人会食で引用したように、人数が多いと「マスクなしでいいよね」という流れになりやすい場合もあろう。しかしこれは会食参加者の力関係にもよる。上司がその会の方針を決めてしまうからだ。

振り返ってみて、私を会食に誘ってくださった方は、仕事面でもお世話になっている。その方が「マスクを取りましょう」と言ったら、取らざるを得ない。この場面に限らず、日々、行きつけの店で目にするマスクなし会食の心理はどのようなものか。私が自称〝コロナ・オタク〟だから普通の人の心理が理解できないのだろうが、これほど「マスクをしろ」と言われていて、どうして座った途端にマスクを外して会話を弾ませることができるのか。

ひとつの仮説を立ててみる。大前提として、大半の人がまだ感染していないこと、周りの人も感染していないことが挙げられる。まだ他人事である。次にそこから類推して、感染の確率が低いため、コロナの話を聞けば怖くなるが、実感として差し迫ってはいない。東京に住んでいるとして、1日の感染者の平均が500人の頃ならば、私の勝手な計算で、感染する確率（正確には、無作為に選ばれた人と濃厚接触するとして、その人がウイルスを持っている確率）は0・03％に過ぎない。私は宝くじを買ったことはないが、私の身近にいる定期的に買う人で、10万円が当たったという話は聞いたことがない（隠すほどの大金ではない）。

このような全般的な「まだ他人事」という前提の上に、次の層が被さる。それは「感染すること＝悪いこと」という意識である。一時期「自己責任論」みたいなことが言われていた。NHKでも「『どうせ飲みに行っていたんだろ』感染者苦しめる偏見」という特集をしていた。[*注10] 感染後、職場復帰しても、職場の偏見に苦しめられているというニュースである。これは悲痛な話なので、当事者の言葉を引用しておきたい。「職場復帰してすぐ、『迷惑かけてすみません』と謝ったのですが、社長からは『元気になってよかった』とか復帰を歓迎する声かけはありませんでした。そればかりか、他の店舗の従業員に『（自分が書いた）感染前2週間の行動記録のつじつまがあわない。本当のことを言っていない』

『どうせ飲みに行っていたんだろう』などと話していると聞き、ショックを受けました」

感染者は悪い人、目の前の友だちはいい人、だからその人が感染しているはずはないので、マスクを外しても大丈夫、という心理なのだと勝手に解釈している。もしこの仮説が正しければ、相手がマスクをしたままだと、「オレのことを疑ってんのか?」と勘繰るのかもしれない。そういう雰囲気がなんとなく浸透していると、「相手に『疑っている』と悟られないようにするためには、さっさと外したほうが……」と思い、みずから最初に外してしまうのかもしれない。このように、二重三重に相手の気持ちを忖度することによって、気づいてみたら、参加者全員がマスクを外していることになるのだろう。

この点、政府は頑張ってきたと思う。「感染することは悪いことではない!」と感染者の汚名を取り除く広報活動をちゃんとやってきたような気がする。もし効果が薄かったのならば、それは政府の努力不足ではなく、人びとの思い込みの強さに勝てなかっただけである。ただ、むずかしいのは、マスク着用を求めていて、マスクなし会食で感染が起きたら、やはり多くの人が「自業自得」と感じてしまうことである。「感染することは悪いことではない」と言いつつ、マスクなし会食に参加して感染した人を擁護できないことは、多くの人にとって両立しえない。

いずれにせよ、感染＝悪、友＝善、ゆえに友人との会食ではマスクは要らない、という図式になるのだろう。さらに、マスクをすることで、相手との距離をつくってしまうことを心配している人もいるかもしれない。マスクをつけたままで会話することの違和感を取り除く方法はいまのところない。ただただ慣れるしかない。

私はさらにその先を空想してしまう。もし仮に、友人との楽しい会食でウイルスをうつされてしまったら、その後の友人関係はどうなるのだろうか。それはその後に起こった出来事によって大きく変わるだろう。無症状のまま「濃厚接触者」として検査を受けて陽性になった場合は、2週間隔離される。そのまま問題なく職場復帰できたら、自分にうつした友人との関係が壊れることはないかもしれない。

しかし自分が肺炎か、さらには重症化したら、友人関係は終わりになるだろう。さらに家族に感染させることもある。小説家みたいに細かい状況設定にこだわるが、AさんはBさんとの会食で、Bさんからウイルスをもらう。気づかないまま家に帰るが、その家は3世代が同居しており、毎晩、Aさんは祖父母と食事をする。もちろんマスクなしで、料理は大皿を直箸でつつく。AさんがBさんと会食した翌日からウイルス量は増大し、Aさんが38度の熱を出すまでの6日間、Aさんの家でウイルスは拡散される。Bさんとの会食から8日目に祖父が突然倒れて救急車で運ばれ、その日のうちに集中治療室に入り、夕方には完全に意識がなくなって、のどの奥まで管が通される。Aさんは二度と大好きなおじいちゃんに触れることなく、ガラス越しに生気のない顔を涙で曇る目で見続けるしかない。

ドラマ仕立てに思われるかもしれないが、1年半、コロナ報道を追い続けた者にとっては、これは架空ではなく、現実である。ただ典型例として簡略化しただけで、こんなことはいままで何千件と起こってきた。人間の心理の隙が引き起こした悲劇である。

＊注1 https://www.sankei.com/photo/story/news/201013/sty2010130017-n1.html
＊注2 https://www.yomiuri.co.jp/national/20210424-OYT1T50106/
＊注3 https://www3.nhk.or.jp/news/html/20201217/k10012769271000.html
＊注4 https://www.nikkei.com/article/DGXMZO66451980Q0A121C2I00000/
＊注5 https://www.r-ccs.riken.jp/highlights/pickup2/
＊注6 https://www3.nhk.or.jp/news/html/20210424/k10012994701000.html
＊注7 https://www.hi-ad.jp/press/detail.html?eid=463
＊注8 https://www.jiji.com/jc/article?k=2021040701107&g=soc

＊注9　https://www.nikkei.com/article/DGXZQOUC211RI0R20C21A400000/

＊注10　https://www3.nhk.or.jp/news/html/20210301/k10012891221000.html

# 第8章　新しいリアル

## ロックダウン

日本語で「都市封鎖」と訳されるロックダウン、私にとって最も印象に残っているのがジャミロクワイの「ロックダウン」[＊注1]である。デヴィッド・ボウイの「レッツ・ダンス」に乗せて、「家でマスクをつけてテレビを見よう」[＊注2]と歌っていた。ユーチューブにアップされたのは2020年3月28日である。この時期にはすでにヨーロッパは感染拡大の猛威に襲われていた。

正確な記録はネット上を探せばいくらでもあるので、私の印象論で振り返ると、2020年2月時点でウイルス感染と言えば、クルーズ船が話題の中心だった。その分析は国立感染症研究所が行っているので、[注3]そちらをご覧いただきたいが、当時電車の中吊り広告にあった週刊誌の見出しが強烈であった。[注4]船内での「怒号」という言葉に怖れおののいたが、所詮、まだその当時は他人事であり、クルーズ船という閉ざされた空間から外に出るという感覚は皆無であった。

私が「やばいかも」と思い始めたのが、当時の安倍首相がイベントの中止か延期を求め、ドーム球場のコンサートが中止になった2月26日である。同日のNHKで「政府の新型コロナウイルス対策本部が総理大臣官邸で開かれ、安倍総理大臣はこの1、2週間が感染拡大防止に極めて重要だとして、大規模なスポーツや文化イベントなどについて、今後2週間程度、中止か延期、または規模を縮小するよう要請する考えを示しました」[注5]と報じた。

これでパフュームによる東京ドームでのコンサートが中止になった。オフィシャルサイトには「本日午後に新型コロナウイルス感染症対策本部にて政府に要請された方針に従い、直前で大変申し訳ございませんが、本日2/26（水）東京ドームにて開催を予定しておりました『Perfume 8th Tour 2020 〝P Cubed〟 in Dome』東京ドーム（東京）公演を中止とさせていただくことを決定いたしました」[注6]とある

同日、京セラドームではエグザイルのコンサートも予定されており、ホームページに

「本日午後に新型コロナウイルス感染症対策本部にて政府に要請された方針に従い、直前で大変申し訳ございませんが、本日2／26（水）京セラドーム大阪にて開催を予定しておりました『EXILE PERFECT LIVE 2001→2020』公演を中止とさせていただくことを決定いたしました」[*注7]と掲示された。

いままでは中止も、延期も、無観客も普通のことになったが、私はパフュームのことも、エグザイルのこともほとんど知らないが、これほど大きな会場のコンサートを当日になって中止するのは前代未聞のことで、「政府はこれをかなり大ごとと捉えているな」と思ったことをいまでも鮮明に覚えている。

そしてじわじわと感染者が増えて、２０２０年3月23日に、東京都の小池知事が「ロックダウン」に言及した。その翌日のブルームバーグは「7月から開催予定だった東京五輪・パラリンピックの延期が決まったが、国内の新型コロナウイルス感染者数は、欧米諸国と比べ増加ペースが緩やかなものの、都市部では増加傾向に歯止めがかかっていない。東京都の小池百合子知事は都内で爆発的な感染拡大（オーバーシュート）が見られた際には、都市を封鎖する『ロックダウン』にも言及し、警戒を呼び掛けている」[*注8]と伝えた。

## 現実を知る

私はこの時から、自称〝コロナ・オタク〟としての活動を本格化させる。2方面からの作戦で、ひとつは理屈を学ぶこと、もうひとつは現実を知ること。前者では、すでに生半可な知識とはいえ、たくさん披露してきたように、ニュース、政府、研究所、学会などのサイトをなめるように読んで、新型コロナウイルスの科学的背景を知って、現実世界のなかでどう作用をするのかを勉強した。

もうひとつの「現実を知る」とは、コロナ先進国の惨状を学んで、これを日本に当てはめるとどうなるのかを考えること。このためには、本当なら現地に赴いて、そこの空気を吸ってくるべきだが、もちろん各国が国境を封鎖している状況では、そんなことはできない。人様が撮影したものとはいえ、できるだけたくさんの動画を見て、それぞれの断片を自分の頭のなかで組み合わせて、独断ではあるが、できるだけ偏見にならないように、全体像をつくりあげる。

4章で、イタリアからのレポートについては紹介した。英国スカイニュースの「Italy's

coronavirus journey（イタリア、コロナの旅）[*注9]」と、ニューヨークを本拠地とするVICEニュースの「Inside Italy's Coronavirus Epicenter（イタリアのコロナ震源地の内側）[*注10]」である。スカイのオリジナルの45分間のものはユーチューブでは削除されているが、いくつかのピースは見られる。

スカイはイギリス国内とアメリカからの特別レポートをユーチューブにアップしており、こちらは両方とも45分間のオリジナル版が上げられている。前者が「Coronavirus: The Home Front（コロナウイルス、国内戦線）[*注11]」で、後者が「Coronavirus: America's Reckoning（コロナウイルス、アメリカの報い）[*注12]」というタイトル。

スカイはイギリスの有料チャンネルだが、VICEを始め、最近ではネットでも視聴できるニュースが増えてきている。同じイタリアからのレポートはほかに、ドイツの国際放送「ドイチェ・ヴェレ（DW）」のDWニュースのを見た（「Corona in Italy（イタリアのコロナ）[*注13]」）。DWは、テレビ、ラジオ、ネットで24時間ニュースを流しているが、ユーチューブでもライブストリーミングしている。ドイツ国内のロックダウンの模様も、DWのドキュメンタリー「Coronavirus in Berlin（ベルリンのコロナ）[*注14]」で知ることができた。

いまは哲学の勉強で忙しく、各国のニュースを見る時間がなくなってしまったが、

2020年の春から夏にかけて重宝したのが米英仏のニュースで、とくに米英では地上波のものが見られる。

アメリカは三大ネットワークが代表的で、ABC、CBS、NBCのすべてが見られるが、私の好みはNBCである。しかし信頼性ではABCなので、2020年の米大統領選では、連日、ABCの特番を見ていた（選挙結果が出るまでの数日間、特番が続いた）。CBSは同局のサイトで「CBSイブニングニュース」*注15が視聴できる。「NBCナイトリーニュース」も同局のホームページにアップされているが、*注16ユーチューブにも毎晩のものが上げられている。ABCは24時間ニュースをユーチューブで流しており、そのなかで毎晩のニュース（ABCワールドニュース）を放送している。*注17

イギリスについては、チャンネル4ニュースを利用していた。*注18英国時間の毎日19時から放送される全編はアップされないが、数分ごとに刻まれた個々のニュースアイテムは見られるので、ひとつひとつクリックすれば、総体でイギリス国内の様子が把握できる。ほかに信頼性の点でBBCも頻繁に使っていた。*注19

私はフランス語ができないので、フランス国内の状況についてはフランス24という24時間の英語放送*注20が便利だった。毎時、最初の30分はライブニュースで、後半の30分間は討論やドキュメンタリーを放送する。これはフランス版ＤＷで、政府も出資する国際放送であるため、世界中の出来事が報道されるが、フランスの国内からのレポートがとくに役立った。

## ロックダウン期の音楽

ヨーロッパのロックダウンと日本の緊急事態宣言は似て非なるもので、後者は人の集まる場所に休業「要請」するものだが、前者は一般人、商売に関係なく、すべての人に外出を法的に「禁止」するものである。２０２０年春の最初のロックダウンの場合、フランスでは買い物に行くにも自分で許可証をダウンロードし、印刷したものを携帯しなければならなかった。散歩やジョギングも時間や範囲が制限され、警察には、違反者を取り締まる権限が与えられた。

冒頭のジャミロクワイはそんな時期の慰めであった。「家から出るな！」と言われたら、家から出ないで楽しむ方法を見つけなければならない。そんな取り組みのひとつがグローバル・シチズン主催のチャリティーコンサート「One World: Together At Home」

であった。[*注21]

日本を含め、世界各国で放送されたが、アメリカでは三大ネットワーク（ABC、CBS、NBC）が同時放映し、各局の看板司会者が共同でホストを務めた。参加ミュージシャンはレディー・ガガ、スティーヴィー・ワンダー、ポール・マッカートニー、エルトン・ジョン、ザ・ローリング・ストーンズ、テイラー・スイフト、ジョン・レジェンド、サム・スミス、セリーヌ・ディオン、アンドレア・ボチェッリなどそうそうたるメンバーで、全員が自宅から歌い、演奏していた。

私がとくに感銘を受けたのは、デュオやグループの演奏であった。ストーンズは「You Can't Always Get What You Want」を歌ったが、[*注22]まずミック・ジャガーが始めて、次にキース・リチャーズ、ロン・ウッドと加わり、最後にチャーリー・ワッツのカメラがオンになる。ちなみに、この曲を調べたら、ドラムパートはないとのことで、ワッツは確かに箱を叩いているフリをしているだけだった。まったくの憶測だが、おそらく最初にミック・ジャガーが歌って、そのテープどおりにほかの3人が演奏したのではないかと想像する。

グローバル・シチズンとは関係ないが、トトのジョセフ・ウイリアムズのユーチューブのページに、彼がボーカルを務め、スティーブ・ルカサーとレニー・キャストロが演奏する「アフリカ（Toto - Africa 2020 COVID-19）」がアップされているが、*注23 これは明らかに以前の伴奏録音をもとに、３人が歌、ギター、パーカッションを加えたことがわかる。冒頭でルカサーは「ジョセフはテクノロジー好きで、これをまとめたのは彼だ」と言っていたが、実際に自宅から歌うウイリアムズの一場面に、ミキシング用の機器などが映っていた。

グローバル・シチズンに戻れば、ジョン・レジェンドとサム・スミスは「スタンド・バイ・ミー」をデュオしているが、*注24 伴奏はレジェンドの生ピアノだけである。彼が歌い始め、後でスミスが加わるが、それぞれ自宅からである。スミスが歌った録音に、後でレジェンドが歌とピアノをつけていくというのは考えにくい。なぜなら、アメリカとイギリスで遅延なく、同時に歌うことはまだ技術的にむずかしいので、レジェンドが先に録音して、後日、スミスが歌を重ねたというのが順当な手順だろう。

## リアルとは何か

ロックダウンで鬱積している一般市民を楽しませようと、ミュージシャンたちは工夫を凝らしたが、クラシックは悪戦苦闘していた。イギリスのロンドン・シンフォニー・オーケストラ（ＬＳＯ）やフィルハーモニア・オーケストラは無観客か、少人数の客を入れた演奏会をユーチューブにアップしているが、「募金」のお願いがあったり、全編聴きたい人への料金表示があったりする。

暇があると、ユーチューブで主にヨーロッパのオケの動向を調べている。ドイツのＮＤＲエルプフィルハーモニー管弦楽団やケルンＷＤＲ交響楽団は定期的に無観客で放送用の演奏会を行っているが、だれもいないコンサートホールで没頭して演奏している姿を見ると、本当に涙が出てしまう。

しかしドイツのオケは政府や放送局の支援を受けているので、無料の無観客公演をすることができるけれど、イギリスのオケは政府の全面的なバックアップがないため、かなり苦しんでいる。

以前、いろいろ検索していて、思わず手が止まったことがあった。ＬＳＯがラトル指揮、ツィメルマンのピアノで、関係者以外は無観客のセント・ルーク教会を会場に、ベートーベンのピアノ・コンチェルト全曲を演奏していた。*注25 これは２０２０年12月に録画されたものだが、２０２１年４月26日（イギリス時間の４月25日）に公開され、48時間後には削除された。ユーチューブのこのページには「この演奏は２０２１年７月にＣＤ化される」と書いてあり、その説明のあとに、寄付の仕方に関する詳細が続いていた。ＬＳＯの場合は時間制限があったとはいえ、いくつかのオケは無観客の演奏会をユーチューブに公開して寄付を募るという形で、コンサートができないあいだ生き延びようと資金集めに必死になっている。

同じイギリスのフィルハーモニア・オーケストラは無観客による、サロネンが指揮するラベルの演奏をユーチューブに上げているが（演奏は２０２０年10月29日、アップ日は同年11月17日）[*注26]、コンサート全編を見たい人は「６ポンド」と書かれている。イギリスのクラシックは、もともとの財政基盤が弱いから、食いつないでいくことがむずかしいが、さらには演奏することを生きがいとしているため、コロナ禍は士気の面にも深刻な悪影響を及ぼしている。文化の存続も心配しなければならない。

このようにオンラインを通じた演奏でクラシックの伝統を維持しようと、多くのオーケストラは創意工夫をしているが、これが音楽鑑賞のあるべき姿かというと、もちろんそうではない。２０２０年６月、数か月にわたる休止を経て、ウィーン・フィルハーモニー管弦楽団が演奏会を行った。それまで飛沫研究を重ねての念願の再開である。

この経緯はＮＨＫ（NHK NEWS WEB ２０２０年6月23日）が詳しく伝えているが、*注27ウィーン・フィルは世界に先駆けて、舞台上の三密防止に取り組んだ。やはり木管、金管から出る飛沫の対策が課題だった。ＮＨＫによると「飛まつは弦楽器などでは50センチ。最も広がったフルートが75センチほどで、これまで通りのオーケストラの配置でも演奏者どうしの感染や客席への拡散は抑えられるという判断に至った」という。

しかし6月5日のコンサートでは、観客席の三密対策のため、入場者数はたったの１００人だった。歴史上、いろいろなコンサートがあり、それらに参加できた人は幸運だが、このバレンボイム弾き振りによるモーツァルトのピアノ・コンチェルト27番と、後半のベートーベンのシンフォニー5番を会場で、生で聴けた聴衆は、この上ない幸せ者だったに違いない。

演奏会の発表記者会見でバレンボイムは「いまは音楽のネット配信などで技術がどんどん進歩しているが、やはり、音楽の神髄は生演奏にこそある」と述べたという。これはまったくの正論だ。だれもが生を聴けるなら聴きたい。しかしふたつの面で、別の方策を探求したい。ひとつは「仕方ない」、もうひとつは通信の世界に生きること。

すでに5章で書いたように、コロナ禍はまだ2年ぐらいのスパンで続くと見るべきである。だから、この間、なんとか工夫して生演奏を再開できるとしても、２０１９年の状態に戻るのは、しばらく先になると覚悟すべきであろう。その間、財政的にオーケストラを生かす方法を考えなければならないが、同時に新しい聴き方も模索すべきではないか。バレンボイムも認めるようにテクノロジーは発達している。生には代えがたいが、それでも生に近い演奏を楽しめるようになった。これは通信技術の進歩によるものだ。

クラシック・ファンは生と録音との違いを気にしていた。私の場合は、ＣＤで高音が切れてしまうことが嫌だった。私の表現では、バイオリンの透き通るような直線的な響きが高く上がれば上がるほど、音が「滲んで」しまう。真っすぐに上に向かっていた空気が天井にぶつかって横に広がったような感覚であり、別の比喩を使うなら、純粋な色、たとえば清潔感に満ちた水色に、茶色が混じってしまったようなイメージである。

しかし、いまではユーチューブでさえ、高音が滲まない。すっきり、混じりけなく、余裕をもって伸びきり、突き抜けるような音として聞こえてくる。生とＣＤのさらなる違いは、端的に、視覚情報があるかどうかである。私はだいたい指揮者ばかり見るが、要所要所で独奏の楽器を見ると、その主旋律がダイレクトに心に届いてくる。もちろん、昔からビデオやＤＶＤはあったが、映像化される演奏会は多くなかった。

しかし、いまでは著名なオケは有料で（ベルリン・フィルなど）、政府から援助を受けているヨーロッパのオケは無料で（NDRやWDRなど）、コンサートの模様がオケのホームページかユーチューブにアップされている。演奏会を録画する機会が増えて一番変わったことは、カメラワークが向上したことと、編集者の技が磨かれたことである。

やはり主旋律を演奏している楽器を映してくれると、曲の理解度は上がると思う。主旋律を担う楽器が交替するたびに、違和感なく、なめらかにカメラを切り替えてくれると、曲の流れが途切れることなく、楽器が奏でる「部分」と曲「全体」が私の頭のなかで、摩擦ゼロで融合する。これはカメラマンの腕とともに、音響室で複数のカメラを鳥瞰し、巧みに映像を切り替えるエディターの力量に依存する。

実は、ここまでいくと、これはリアルを超えたリアルになる。というのも、生演奏では、自分の座席からしか演奏者を見ることはできない。ホルンがソロを吹いていても、私が座っているところからはホルンは見えない。しかし映像では、オーボエのメロディーを引き継いだホルンを切れ目なく精確に捉えてくれる。

さらに私は指揮者を見るほうが曲全体は理解しやすいと思うが、コーラス席に座らなければ、指揮者を正面から見ることはできない。映像なら、細かいしぐさや表情までアップで見られる。目が宙をさまよった指揮者の陶酔した顔つきを見つめていると、私自身、その曲に没入しているような気分になれる。これも生演奏では体験できないことである。

私は「コロナ後」を語るのは早過ぎると思うが、数年後に正常化して、生演奏が戻ってきても、生演奏としての「リアル」と、通信技術が発達した上での映像としての「新しいリアル」は共存すると考える。すべての愛好家が世界中のオケを聴けるわけではない。むしろ地元のオケを大切にして、近距離で活動するオケの演奏は生で、海外のものはオンラインで体験することになるだろう。かえって、そのほうが音楽に触れる機会は広がり、深まるのではないだろうか。コロナ禍をプラスに転じられる少ない領域のひとつが音楽の聴き方なのではないだろうか。

＊注1　https://www.youtube.com/watch?v=qD-IJILwJso
＊注2　https://www3.nhk.or.jp/news/html/20200402/k10012363241000.html
＊注3　https://www.niid.go.jp/niid/ja/typhi-m/iasr-reference/2523-related-articles/related-articles-485/9755-485r02.html
＊注4　https://www.dailyshincho.jp/article/2020/0218C801/?all=1

＊注5　https://www3.nhk.or.jp/news/html/20200226/k10012301961000.html

＊注6　https://www.perfume-web.jp/news/individual.php?id=3464

＊注7　https://m.ex-m.jp/news/detail?news_id=28722

＊注8　https://www.bloomberg.co.jp/news/articles/2020-03-24/Q7OEOET0AFB701

＊注9　https://www.youtube.com/watch?v=q9MhoVpHAeg

＊注10　https://www.youtube.com/watch?v=2wKod86QYXw

＊注11　https://www.youtube.com/watch?v=8IrZdoSiO38

＊注12　https://www.youtube.com/watch?v=eLgbpnILYyQ

＊注13　https://www.youtube.com/watch?v=DQzYnxN3tE4

＊注14　https://www.youtube.com/watch?v=vbaI4pEHPR8

＊注15　https://www.cbsnews.com/evening-news/

＊注16　https://www.nbcnews.com/nightly-news-full-episodes

＊注17　https://www.youtube.com/watch?v=w_Ma8oQLmSM

＊注18　https://www.channel4.com/news/

＊注19　https://www.bbc.com/news

＊注20 https://www.france24.com/en/

＊注21 https://www.globalcitizen.org/en/media/togetherathome/

＊注22 https://www.youtube.com/watch?v=N7pZgQepXfA

＊注23 https://www.youtube.com/watch?v=o0uiUqjheGQ

＊注24 https://www.youtube.com/watch?v=nxj4y9c9KiA

＊注25 https://www.youtube.com/watch?v=cV2UHgfcWfo
本文中に書いたように、これは公開後48時間で削除され、現在は「非公開動画」となっている。聴きたい方は、演奏者たちを応援するためにも、ぜひＣＤを買っていただきたい。（たとえば https://www.hmv.co.jp/news/article/2105141012）

＊注26 https://www.youtube.com/watch?v=DVtNt-6OTM8

＊注27 https://www3.nhk.or.jp/news/html/20200623/k10012480391000.html

# 第9章　偶然を引き受ける

## シミュレーション

２０２１年４月25日から５月31日までの３回目の緊急事態宣言は、ひとつにはゴールデンウィークが標的であり、７月12日から９月30日（校了時の予定）までの４回目の緊急事態宣言はオリンピック・パラリンピックと夏休みが標的だった。

数か月前の記憶を辿り、３回目の緊急事態宣言が始まった直後のゴールデンウィークのことを思い起こしてみよう。あいかわらず飲食店ファンの私は、性懲りもなく、行きつけの店に足しげく通っていた。必ず独りで行動し、夜は出歩かないとはいえ、緊急事態宣言という本来なら緊迫しなければならない状況においても外食している点で、私に人様のことを言う資格はないが、それにしても人出の多さに驚愕した。

以下の描写は4回目の緊急事態宣言が出ていた初夏にも当てはまるが、ある天気のいい朝、いつものようにモーニングを楽しんでいると、2~3人組のお客さんが次々と現れて、気づいたら外に待ちの列ができていた。すべてのグループが、座った途端にマスクを外し、会話を楽しんでいる。

それより前の一時期は私のような独り客が多かった。独りでいるかぎり、ほぼ絶対に感染は広がらない。独りでも食事中はマスクを外すから、くしゃみ、咳、独り言は排除できないので、近くにいる別のお客さんが感染するリスクを完全にゼロにすることはできないが、黙っていれば口から飛沫は出ないから、みんなが独りで行動すれば、外出する人、とくに飲食店を利用する人が多くても、感染は拡大しない。

私の印象で言えば、たとえば2021年春の場合、3回目の緊急事態宣言前の「まん延防止等重点措置」が適用されていた時よりも、緊急事態宣言が発出されてからのほうが人出は多かった。それまで独り客が多かったのが、急に2~3人のグループが増えたのである。これは4月から5月の3回目の緊急事態宣言だけでなく、2021年7月から9月の4回目の緊急事態宣言にも当てはまり、似たようなパターンをくり返しているが、おそらく報道によって「5人以上の会食はダメ」というのは浸透したのだろう。4人組もほとんど見かけなくなった分、2人組が急に増えた気がする。「2人なら大丈夫」という心理だろうか。

しかしそれにしても、緊急事態宣言が発出されてからこの人出では、感染は収まらないだろう。NHKの「秋に第5波到来も⁉ 新型コロナ最新予測」[*注1]（NHK NEWS WEB 2021年4月27日）は、秋にも「第5波」が来るかもしれないというシミュレーションを紹介している。それによると、2021年春の「第4波」のピークは5月中旬で、それから数か月は落ち着いて、10月頃に「第5波」になるという予想だった。

ちなみに、2021年7月から9月の4回目の緊急事態宣言を経験してみると、必ずしもこのシミュレーションが精確に当たったとは言い難い（悪いほうに外れている）。以下で紹介するものも含めて、これらのシミュレーションを読むと背筋が寒くなるが、実際はもっと早くに感染者数は増え、予想に反して、もっと早くに次の（4回目の）緊急事態宣言が出されてしまった。

たとえば、東京都の感染者数で見るならば、3回目の緊急事態宣言が出ていた時期を「第4波」とするとして、そのピークは2021年5月8日の1121人だったが、4

回目の緊急事態宣言が始まって2日後の2021年7月14日に1149人、翌15日に1308人、次の16日には1271人にまで増えてしまった。上記のシミュレーションでは「10月頃に第5波」となっていたが、もうこれは「第5波」と言っていいだろう。実際、この3日連続1000人超を受けて感染症の専門家は、「全国的に感染の第5波の兆候がはっきりと見えてきている」*注2と述べている（さらに、翌々週の7月28日は3177人、29日には3865人にまで急増し、その後5000人を超える）。とはいえ、今後の趨勢を予測するには、シミュレーションはとても役に立つので、話を続けよう。

不謹慎な言い方で恐縮だが、私はシミュレーションについては、わくわくしながら読んでいる。シミュレーションはあくまで「それまでのトレンドが続いたら、その後こうなる」という予測であり、人間の凄いところは、その結果を知ることで、将来の行動を変えられることである（ゆえにシミュレーションは当たらないほうがよい。つまり、よいほうに外れるのが理想）。だからこそシミュレーションはとても大事であり、できるだけ多くの人に知ってもらいたい。

全般的な方向性は、過去のデータをもとにモデル化する。1年間以上の知見の積み重ねで、どういう数字が大きくなった時に感染者が増えるのかが、ほぼ経験的法則として確定してきている。それをそのまま未来に延長すれば、「このままだったら、こうなる」と予測できる。

とはいえ、「過去にはなかったが、今後、新しく加わる」と予想される要因についても計算に入れないと、正確な予測にはならない。そのひとつがワクチンである。ＮＨＫが紹介する筑波大学の先生が依拠するのは、予測時点（２０２１年４月）で人口の６割が２回のワクチン接種を終えたイスラエルのデータである。それによると、ワクチンが発症を防ぐ有効性は94％だそうである。もしこれが正しい数字で、日本にも当てはまるならば、ワクチン接種のスピードが感染拡大防止のカギを握る。

しかし日本では、このシミュレーションが発表された２０２１年４月末の時点で、ワクチン接種はまだ医療従事者を優先に進められていて、各自治体において高齢者への接種が始まったばかりであった。筑波大学の先生によると「本当にワクチンの効果が出てくるのは、今の日本の状況だと数か月先、下手すると半年くらい先になるだろうという感じ。今まで１年かかって学んできた感染予防策を地道に繰り返すしかないのが明らかだと思います」と。

いままでのトレンドを延ばしていった先に将来があるというのがシミュレーションの基

本で、そこに「いまはないけど、将来、現れる可能性のある」新しい要因を予想して加えるのだが、感染者数を減らす要因がワクチンならば、増やす要因が変異ウイルスである。同じＮＨＫの記事によれば、変異株がどれほど感染力を上昇させるのかについては、世界中の研究論文で35％から１００％と大きく幅がある（ちなみに、このシミュレーション後に流行したデルタ株の「Ｌ４５２Ｒ変異」の感染力はアルファ株の「Ｎ５０１Ｙ変異」のさらに上）。ＮＨＫが紹介するシミュレーションはこれを50％と推定し、先ほどのイスラエルの例にもかかわらず、ワクチンの有効性を20％とした。すると２０２１年７月には１日の感染者数が１０００人を超え（これは悪いほうに当たった）、10月には３０００人になるという計算結果が出た（実際は、７月28日３１７７人、29日の３８６５人と、７月中に３０００人に達したので、これは悪いほうに外した）。

マスコミだから、シミュレーション研究の中心部のみを報じているが、おそらく変数をいろいろと入れ替えて、かなりの数のパターンを計算しているはずである。しかし想定が適切ならば、いままでのトレンドを延ばした数値としては説得力がある。その数値、つまり未来を変えられるのは人間だけである。

シミュレーションついでに経済的損失についても紹介しよう。記事の見出しは「〝感染者減らずに宣言解除　経済損失膨らむ〞学者グループ試算」(NHK NEWS WEB 2021年4月28日)である。研究を行ったのは、NHKで何度も採り上げている東京大学の経済学者のグループで、「感染者数が十分に減らないまま宣言を解除すると再び感染拡大を招き、経済的な損失も膨らむとする計算結果を公表」した。*注3

感染拡大防止と経済社会活動の両立が目指されているが、実際のところは、一時的に経済をストップさせてでも感染者数を一気に下げないと、かえって後々、感染者が急増するらしい。このシミュレーションでは、変異ウイルスの感染力を従来株に比べ1・5倍になったと想定している。

東京都の数字をもとに計算すると、この記事が掲載された時点では緊急事態宣言が出ていたが、5月第2週に1日の感染者500人弱で解除すると、6月第4週には再び1000人になるという。もし緊急事態宣言を延長して、6月第2週に250人弱で解除しても、8月第3週には1800人強にまで増えるとの予測。衝撃的なのは、どちらの場合も経済的損失が3兆5000億円になることだ。

## 変わらない人間の本性

日々、マスクを外して歓談する人たちを観察していると、つくづく自分が暇人で、変人だと感じる。上記のようなニュースを1日中、貪るように読み耽って、翌日、また多数のマスクなし会食の現場を目撃すると、どうしてこれほど異なった世界がひとつの社会のなかで共存できるのか、理解に苦しむ。マスクなし会食を楽しんでいる人たちの立場に自分を置いてみても、自分の目の前でマスクなしで比較的大きな声で話している相手がウイルスを持っていないと、どうして確信できるのだろうか、と不思議でならない。しかし不思議に思う私の頭のほうがおかしいのである。

以前、私の勝手な計算の際、東京都を使ったので、今度は2021年4月から5月の3回目の緊急事態宣言の前とその最中に感染者数を増やした大阪府を例にしよう。1日の感染者数の平均を1000人とし、感染するまでに無症状の人を6日として6000人、これ以外に、検査を受けていないが無症状のまま街中を徘徊している人が感染者の2割いると仮定しよう。ある特定の日を想定して、〝いまこの時点で感染させ得る人〟は7000

人いて、これを大阪府の人口約880万人で割ると、約0・08％である。私が以前出した東京で1日500人感染者がいた場合の数字は0・03％だから、大阪の惨状がよくわかる。

しかし、あの頃の大阪でさえ、0・08％である。大阪でも、2021年春の「まん延防止等重点措置」が明けてから、3回目の緊急事態宣言が発出されるまで、無数のマスクなし会食が行われたであろう。それでも大半の会で感染は起こらなかった。ということは、感染者が出たら大惨事だが、起こる確率それ自体はとても低いということだ。私ほど暇人はあまりいないから、このような勝手な計算などをして、確率を数値化することはいないだろうが、おそらく多くの人が、直観的に確率がとても低いと感じており、「自分は大丈夫」と思い込んでしまうのだろう。とはいえ、「本当に危ないの？」と質問されたら、私だって「確率的には低いです」と答えるしかない。

やはり問題は、これほど低い確率にもかかわらず、人口比に占める感染者の割合がこの程度であっても、感染してしまったら、人数的には病院で扱いきれなくなり、医療現場がパンクしてしまうことである。病院のキャパを超えれば入院できず、一部は自宅療養中に重症化したり、亡くなったりする。さらに、コロナ病棟を増やすため、ほかの病棟を減らさざるを得ないから、本来受けられるはずの治療が延期される人も出てくる。そしてなによりも医療従事者が疲弊している。平然とマスクなし会食を続ける人たちの罪を、医師と看護師が背負わされている。

私の独断と偏見の計算でも、目の前でマスクを外して笑っている友人が私に感染させる確率は低いが、感染者のなかで実際に周りの人に感染させる人も少ない。1人の人が他人に感染させる数を「実効再生産数」という。東洋経済オンライン[*注4]によると、2021年4月末現在で、日本全国の実効再生産数は1・12である。これは1人の感染者がほかの1・12人に感染させたということを意味する。この数字が1以上だと感染者数は増えていく。

しかし2021年4月末時点で、日本全国の感染者数は1日だいたい5000人であるが、この5000人全員がほかの1・12人にウイルスをうつしてしまうわけではない。これよりだいぶ前の記事だが東京新聞（2020年11月7日）は「感染させる人は2割以下。1人が多数に感染させなければ感染は抑えられる」[*注5]と書いている。

東京とか、大阪とか、地域を限定した上で、人口比の感染者数の割合でも、感染者に出会う確率はかなり低いが、感染者のうち2割しか他人に感染させないとすれば、ウイルスをうつされる確率はさらに低くなる。多くの人が不用心にマスクを外して会食するのはよくないことではあるが、理解できないことではない。

## コロナ禍の心構え

起これば大惨事だが、起こる確率が極めて低いため、備えをしないのが、普通の人間のメンタリティーである。これは人間の本性だから、変えることはむずかしい。勝手な憶測であることをお断りしておくが、もし「今後、大震災に出遭う確率と、いまコロナに感染する確率の、どちらが高いか」とたずねられたら、私は大震災の確率のほうが高いと答えるだろう。しかし私は震災対策を何もしていない。家にはヘルメットも、防災頭巾も、非常食用の乾パンも用意していないし、水も備蓄していない。いま大地震が起こったら、私は孤立し、飢え死にしてしまう。

そういうことが頭ではわかっていながら、それでも防災用品を揃えないが、日々、出かける時はマスクをして、行きつけの店では必ず窓際に座り、会話するお客さんのグループから遠ざかろうとする。にもかかわらず、コロナに感染する確率のほうが、大震災に見舞われる確率よりも低いと、私は感じている。私自身が矛盾しているのだから、人様のことを非難する資格はない。

ただ、それでも自分を弁護したいのは、コロナに関しては、私は自分の身を守ることを第一に考えているわけではない。利己的なことを言えば、自分は危ない場面を避けているので、おそらく感染しなくて済むだろうと信じており、それほど悲観的ではない。そうではなく、これで社会が崩壊していくことを怖れている。

感染者が増えて、とくに重症者が増えれば、医療体制はいつか崩れるだろう。「医療崩壊」という言葉は抽象的で実感が掴めないが、要するに、いつでも・どこでも・気軽に診療してもらえるのが当然だった制度が、そうでなくなる。診察までの時間が長引き、そのあいだに症状が重くなったり、運が悪ければ亡くなる。これはコロナについて言っているのではない。すべての病気でそうなる。

救急車で運ばれても、病院の通路で担架に乗せられたまま、何時間も待たされるのが日常的なことになる。患者が多過ぎれば、新たに運ばれた患者は置き去りにされる。この傾向を助長するのが看護師の離職である。コロナによって肉体的にも、そして精神的にも追い詰められた看護師さんたちがどんどん辞めている。加えて、この惨状を見て、看護師を志願する人たちの数も減っていくだろう。患者は増えても、看護師になりたい人はいない。そしてこの原因をつくっているのが、マスクなしで会食する、われわれ一般人である。

すでに何度も、異質な複数の世界（パラレル・ワールド）がひとつの社会のなかで共存していることの不思議さについて語ってきたが、医療の世界とマスクなし会食の世界ほど、相容れない世界はないだろう。2020年末の記事だが、ふたつのパラレル・ワールドが交差すると、精神的な摩擦が生じる。バズフィード・ジャパン（BuzzFeed Japan 2020年12月22日）の見出しは『『インスタを見るとうんざりする』コロナの現場で看護師が感じた限界』[*注6]で、取材に応じた看護師さんは「インスタはホーム画面から、削除しました。楽しかったツールが、いまはものすごい苦痛に、しんどいものになってしまったから……」と言う。とても大事な証言なので、以下、いくつか引用する。

「医療現場は、本当に本当に今がいちばん大変としか言いようがない。次から次へ呼吸器が必要な患者さんが運ばれてくる。人数が減らないんです。このままじゃ、助かる命も助からんくなると思っています。

たとえば、私の働いているＩＣＵ（集中治療室）は、ほとんどコロナの患者さんで埋まっています。ＩＣＵは去年も一昨年も、交通事故や手術の患者さんで埋まっていました。コロナで埋まったとしても、事故や手術でＩＣＵに入る必要がある患者さんが減るわけじゃない。つまり、受け入れられない患者さんが出ているということなんです。ほんとうに逼迫しています」

そして「そうして家に帰ってからSNSを見ると、うんざりしてしまうようになっちゃって……」。

続けて記事は解説する。

「緊迫した現場から帰宅してインスタグラムを開けば、そこに並ぶのは、コロナがまるで終わったかのような、いや、コロナ以前のような、自分たちの日常とは隔絶された、別世界。／大人数の飲み会や旅行、テーマパークで楽しむ友人たちの投稿が並ぶタイムライン。一方で、感染者数は増加の一途をたどっている。そのギャップが、樹理さんの心を追い込むようになった」

そもそもコロナウイルス自体、自然がつくりだした偶然の産物である。そして自分が感染するかどうかも、まったくの偶然である。しかし偶然を甘く見た人のうち、ほんのごく一部が医療体制を破壊しようとしている。それは、いまの、または将来の患者が診療を受けられないということだけではない。平然とマスクなし会食を続けることで、われわれを助けてくれる医療従事者の心を蝕んでいる。これでは辞めていく人は増え、なりたい人はいなくなるだろう。

コロナ禍の心構えは、偶然を「引き受ける」ことである。偶然を「受け入れる」ではなく、あえて「引き受ける」としたのは、確率は小さいが、起こってしまうと、誠心誠意尽くしている人をかえって追い詰めてしまう事態を、自分のこととして背負う覚悟を表したいからである。ある人がマスクなし会食をしても、直接的に看護師さんの心を疲弊させるわけではない。個と、別の個との因果関係のことではなく、ある個が、別の個の立場に身を置いて、その苦痛を体験することである。

因果関係では、個と個は空間だけでなく、精神的にも別の存在である。しかし「引き受ける」状態では、個と個は空間的には別々であっても、精神的には融合している。個Aが個Bの立場になって、個Bの心を自分のなかに移植するからである。この状態では、物理的には個Aは個Bと離れているが、精神的には個Aは個Bである。

私はこれを単なる「べき論」としての倫理（または道徳）ではなく、行動規範としての〈倫理〉と名づけたい。「べき論」は他人への批判であり指図だが、行動規範は自分が自分に対して課す振る舞いの規則である。個別の事象に対処する際に、一貫した態度で臨むことであり、それをみずから法則化することである。

行動規範の法則化のためには、複数の事象に対処する際、態度を一貫させる必要があるが、それがどういうルールなのかを自省して発見し、言葉にして洗練させ、次の行動で応用して、その通りに振る舞えたかを改めて顧みなければならない。これをくり返していくうちに、行動規範たる〈倫理〉は精緻化されて、次からは意識せずして行動として示せるようになる。

コロナ禍で求められる〈倫理〉は「相手の立場に立つ」である。いま必要なのは、苦しい立場の人へ感情移入する高い精神性である。

＊注1　https://www3.nhk.or.jp/news/html/20210427/k10012993701000.html
＊注2　https://www3.nhk.or.jp/news/html/20210716/k10013143111000.html
＊注3　https://www3.nhk.or.jp/news/html/20210428/k10013002051000.html
＊注4　https://toyokeizai.net/sp/visual/tko/covid19/
＊注5　https://www.tokyo-np.co.jp/article/66936
＊注6　https://www.buzzfeed.com/jp/kotahatachi/buzzopi-nurse

# 第10章　倫理が破綻する時

## 権力への反抗

２０２１年４月25日からの３回目の緊急事態宣言は、対象が東京都、大阪府、京都府、兵庫県であるが、そこでは飲食店には営業時間の短縮だけでなく、酒類の提供も停止するよう要請した。加えて、大規模な商業施設には休業要請を、イベントにも中止か、決行する場合には無観客で行うよう要請した。そして７月12日からの４回目の緊急事態宣言では、商業施設には休業要請しないが、飲食店ではまたもアルコールが提供できなくなった。

飲食店は形態によって対応が分かれるが、主に夜を中心に営業し、とくにアルコールで稼ぐ店は大打撃で、３回目の緊急事態宣言当時の話になるが、多くの店がゴールデンウィーク中、休業していた。私が日頃通っているような日中で稼ぐ店は外出自粛の影響はあるものの、つまりお客さんの数は多少減っているかもしれないけれど、そもそも要請対象ではないため、緊急事態宣言の影響がないわけではないが、それほど深刻ではない。店の形態によって明暗が分かれた。

飲食店の大ファンの私にとって、あまりにも悲しい現実である。あまりつきあいのよいほうではないとはいえ、愉快な仲間と深夜までじっくり語り合うことの素晴らしさはよく知っているつもりだ。私の場合は大宴会は苦手だが、好みのワインとともに気の合う少人数と過ごす永遠に終わらない夜は至福のひとときである。だから休業しなくてはいけない飲食店の辛さも他人事ではない。

加えて、3回目の緊急事態宣言の際には、プロスポーツが無観客で行われた。いまは日々の結果さえ見なくなってしまったが、かつては野球少年で、実際に野球場に足を運び、生の雰囲気を全身で体感できることは、数年に一度の厳粛にして崇高な日であった。数日どころか、数週間前から待ち遠しく、だれが先発か、どんな試合になるのかを勝手に空想しながら、毎日チケットを大切に眺めていたものだ。だから3回目の緊急事態宣言によって、急に払い戻しになったお客さんたちは、とても残念だったに違いない。野球少年だった頃の私なら、発狂していたことだろう。

しかし諸外国から見れば、日本はまだいいほうだ。くり返し述べているように（とくに4章）、欧米のロックダウン（都市封鎖）と緊急事態宣言は似て非なるもの。後者は人が集まるところに休業「要請」することで、人が密集しないような措置を講ずることである。だから飲食店や商業施設やイベント以外の場所には、人は好きに行くことができる。

前者は商業側にも休業「命令」するが、主眼は一般の人が外に出ないように取り締まることである。8章で触れたが、フランスでは買い物の際に許可証が必要であり、散歩やジョギングでさえ、外出時間と行動範囲が限定された。そして「　」に入れて強調したように、日本が「要請」なのに対して、欧米は法的な「禁止」である。日本では警察が取り締まることはないが、欧米では警察に権限が与えられた。

日本でも、反抗的な行動がなかったわけではない。しかしそれは「反抗」というよりは「抜け道」のようなもので、飲食店がアルコールを提供できないなら、客が持ち込めばいいと考えた人もいたようだ。*注1 しかし欧米では鬱積した若者が大人数のパーティーを敢行して、警察の取り締まりにあっている。

時系列でなく、ランダムに挙げるならば、ＮＨＫ（NHK NEWS WEB ２０２１年３月22

日）によると、アメリカのフロリダ州で春休み中の大学生が路上でパーティーを開き、警察が取り締まりに乗り出したとのことである。[*注2] ニューズウィーク日本版（２０２０年８月３日）では、アメリカ・イリノイ州での５００人規模のマスクなし密着パーティーについて紹介している。[*注3] 産経新聞（２０２１年１月２日）は、大晦日にフランス西部で行われた２５００人が参加したダンスパーティーを伝えている。[*注4] 取り締まりに来た警察に抵抗して、車両に放火するなどして、パーティーは１月２日まで続いた。

さらに、時事通信（２０２０年7月19日）によると、ドイツのフランクフルトで、「コロナ・パーティー」を開いた若者が乱闘騒ぎを起こし、介入した警察に瓶を投げるなどして39人が逮捕された。[*注5] 毎日新聞（２０２１年４月２日）は、ベルギーのブリュッセルで、「エープリルフール・パーティー」のうわさがＳＮＳで流され、数千人の若者が集まったため警察が解散させようとし、若者と警察が衝突したと報じている。[*注6] ＣＮＮ（CNN.co.jp ２０２１年２月17日）は、イギリス・バーミンガムのナイトクラブで、１５０人のパーティーが摘発されたとする記事を掲載している。[*注7]

## 哲学的根拠を求めて

日頃から哲学書ばかり読みつつ、毎日のコロナ探索で以上のような記事に出会うと、「どういう根拠でこんなことができるのだろうか」と不思議に思ってしまう。もちろん私は警察に瓶を投げたり、車に放火する若者たちを擁護するつもりはない。しかしどんな根拠で、警察は自由な市民が楽しむパーティーを解散させる権限を持てたのか、ただそれを知りたいだけである。

これまでマスクなし会食をあれほど非難しておいて、何をいまさら、という感じはするが、ここで警察に取り締まる権限を与える哲学的根拠について考えてみたい。なぜこんな不可思議な疑問を持ったのかというと、現実の政治には興味がなく、ただ哲学的にしか政治と関わる気がない者としては、国家権力の哲学的基盤を知りたい。そして現代における国家権力の哲学的基盤は民主主義である。これはだれもが認める現代政治の普遍的真理と断言していいであろう。

もし民主主義が金科玉条の普遍的真理ならば、民主主義とは、有権者が望む政策を政府に実行させることであろう。そして国家権力は、政策を実行する際、不承不承、致し方なく行使するはずのものである。しかし緊急事態宣言にしても、ロックダウンにしても、だれも望んでいない政策だ。それを強行するとは、反民主主義的ではないのか。

もちろん、常識的な見解はわかっている。コロナによって重症化したり、亡くなったりする人がいるから、それを防ぐために人の流れを止めなければならない。たとえそれで大半の有権者の不評を買おうとも。加えて、医療体制が壊れかけている。これはふたつの面で深刻な事態に至る。ひとつは医療従事者の負担である。これは何度も述べてきた。もうひとつは玉突きで、ほかの診療に影響が及んでいること。たとえば、3回目の緊急事態宣言下のニュースでは、朝日新聞（2021年4月27日）によると、「新型コロナウイルス患者向けの病床が逼迫《ひっぱく》している事態を受け、がんの治療に特化した大阪国際がんセンター（大阪市中央区）は28日から、新型コロナの重症患者を受け入れる。ＩＣＵ（集中治療室）をコロナ患者にあてる」という[*注8]。

大半の有権者は望んでいないが、何かのために我慢を強いる、この哲学的根拠は何か。ふたつ考えられる。ひとつは「共通善」[*注9]を実現するために、政府には違反者を取り締まる権限が与えられる。もうひとつは「政治的義務」[*注10、11]として、国民は政府の方針に従わなければならない。

後者について先に説明するならば、どんな政府の方針に対しても、国民は政治的義務を果たさなければならない、つまり政府がどれほど酷いことをしようとも、国民はそれに従わなければならない、ということではない。政治的決定には、実はいくつかの段階がある。哲学者ジョン・ロールズによれば、①社会の基本構造について合意すると、②次に憲法を決める段階が来て、③その後に政治家だけによる法律を制定する段階になり、④最後に政府が法を執行したり、裁判所が法に基づき個別案件について判断することになる。*注12

哲学的に一番大事なのは、最も根源的な①社会の基本構造を決めるところである。ロールズは公平な状態を「オリジナル・ポジション」とし、ここではみんながまったく同じ立場で、社会の基本原理を採択する場に臨む。ロールズの言う「公平」とは、みんなが自分の状況を知らないことである。もし健康なら、医療保険は要らないし、もし金持ちなら、所得の再分配に反対する。自分が健康か、金持ちかを知らない状況で、「正義の二原理」と功利主義（最大多数の最大幸福）を提示されたら、前者を選ぶだろう、とロールズは論証する。

ここではロールズの厳密な議論を採用する気はない。ただ単純に、憲法を決める前提として、どんな社会であるべきかという原理原則を選ぶ段階が、架空とはいえ、存在するとしておきたい。もし人民が社会の基本的な方向性について合意しているならば、憲法も大方の賛同を得るだろう。これらを「システム」と呼ぶならば、システムを選ぶ段階で、全員参加で、公平で、全会一致ならば、人民はシステムを維持する「義務」を負う。これは個々の法律すべてに無条件に従うことではない。

だが、システムの選択に賛同しておいて、法律が正しい方法で決められたにもかかわらず、すべての法律に、とくに暴力を用いて抵抗するならば、「政治的義務」に反する。システムに賛同し、システムに書かれているとおりの適切な手続きで法律が決まったら、それに従うのは当然であり、それが「政治的義務」である。

「共通善」に戻ると、これは文字そのまま、社会の構成員みんなにとって「善いこと」を意味する。「善いこと」を実現するために、一部、社会の構成員に不便をかけなければならない場合がある。共通善は一部の人の目先の利益に反するため、その一部の不満を抑え込むために、国家は権力をふるう権限を、社会の基本構造を決める段階で人民から与えられた。

コロナにおいては「重症化と死を防ぐこと」と「医療崩壊を防ぐこと」はだれもが反対

できないほどの正論なので、これは共通善だが、これを実現するためには、飲食店に休業してもらったり、プロ野球を無観客でやらなければならない。しかし不満があるため、それを抑え込むために、日本では罰金（正確には、自治体の過料）程度だが、違反者を取り締まる権限が政府（自治体）に与えられた。

これは多くの人にとって納得できる議論なのか。これと民主主義は両立するのか。おそらく現代民主主義論が「民意」を強調してきたため、民主主義と国家権力が同じ枠組みに収まりきらない。民主主義を前提に国家権力を正当化することは、いまの民主主義論では難題である。コロナ禍はその矛盾を浮き彫りにした。

政治的義務を再論すれば、とりあえず、日本の政治・経済・社会システムの基本構造について、全国民の合意があるとしよう。そしてその前提で、全員とは言わないまでも、圧倒的多数に憲法が支持されているとしよう。憲法には、法律の決め方について書かれているから、その規則どおりに決められた法律は正しい手続きで決まったと見なしてよい。すると、そうして決められた法律に、国民は従う義務を負うのだろうか。

飲食店への休業要請について、これは違憲・違法だとして訴えた外食産業の会社がある。『食の世界をつなぐWebマガジン　Foodist』*注13は「法的義務のない時短要請に従わないとする同社に対し、施設使用制限命令を発出した東京都を被告として、当該命令及びその根拠となる特措法が違憲・違法であることを理由に国家賠償を求めている」と伝える。

少しこの話を続けたい。記事は、訴えた会社について、別の飲食店の見解を紹介している。興味深いので、ふたつ引用しよう。

「行政による時短要請について東京都内で飲食店を営むとあるオーナーは『個人的にはいち事業者として、社会に貢献する義務があると思いますし、自分の為にも家族の為にもお客様の為にも感染拡大防止に協力します』というコロナ禍での方針を話してくれた」

「一方、『そもそも時短営業がどれほど感染拡大防止に影響しているのか、行政による説得材料の提示が少ないかと思います』という時短要請の実効性に関する疑問の声も飲食関係者から寄せられた」

ふたつのコメントを紹介したのは、前者が「義務」という言葉を使い、後者では効果に対する疑問が表明されているからである。別次元の話だが、後者は飲食店への要請が意味あるものなのかを再考させる重要な証言である。ただし、私はいままで散々、外食時の飛沫感染が感染経路の中心だと述べてきたので、飲食店への要請には効果があると思っている。これを引用したのは、ほかの対策すべてにも同じことが言えるのか、振り返るきっかけになったからである。

　この話をさらに続けると本論を忘れてしまうので、政治的義務に戻ると、国会や政府の決定を守る「義務」が生じる根拠は何だろうか。哲学的には、社会の基本構造への賛同によって、法律に従う義務が発生すると答えたいが、それは哲学研究者の空想に過ぎないので、もっと大雑把に「システムへの信任」によって、システムが規定した手続きに則って決められたルール（法律）に従う義務が生ずる、ということになるだろう。でも、もしシステムに対する信任が揺らいでいたら、そして、決定過程にも疑義が多数寄せられていたら、法律に従う義務はあるのだろうか。

## 〈倫理〉の次元へ

　私は別の角度から、コロナが政治マターになったことが悲劇の始まりだと考えるようになった。それは、あまりにも多くの人が政治に対して要望を寄せ過ぎていることを、現代社会の病理と考えるようになったからである。政治が商売のようにコスト・アンド・ベネフィットで捉えられるようになって久しい。有権者は消費者で、政治家は生産者で、政策に対して税金という対価を払う構図になっている。

消費税を「お願いする」と言うが、それは年金や医療などの公共サービスに使われるわけだから、国民は料金として政治家や政府に支払っているわけではない。しかし「有権者はお客様」という見方が浸透してしまったので、有権者は政治に対して要求ばかりするようになった。結果が目も当てられないほどの財政赤字である。年金を要求する高齢者の投票率が高いから、そのお客様を満足させるために、政治家は投票しない人に不利益を負わせることで、選挙という目先の競争で生き残る。

これによって政治課題がどんどん増えて、本来なら民間がやるべきことまで政治が引き受けるようになっている。私は哲学的視点で見ているから、細かい政策について言うつもりはない。言いたいのは、もっと怖いことで、これによって国家権力がどんどん大きくなることである。

国民が要求すればするほど、政府は「はい、やります。だから権限をください」とねだる。有権者は短期的な利益に目がくらんで、これによって国家権力が肥大化するという長期的な弊害については考えない。しかし国家がどんどん私的領域に入ってくると、金銭的な利益よりも、もっともっと多くのものを失う。「自由」と言うと、月並みに聞こえるが、自由は失うまで大切さがわからない。われわれは拝金主義社会に生きているので、普遍的価値の重みが理解できなくなっている。しかし私は、私的領域を守るためには、金銭的な損を覚悟すべきであると声を大にして叫びたい。

コロナに関して、政府は感染を抑えられなくて「申し訳ない」と言う。本当に政府のせいなのだろうか。定期的な選挙がある制度のもとでは、政治家はお客様たる有権者に媚びを売らなければならない。いまの構図では、重症者・死者、そして医療従事者に極度の苦しみを負わせて、大多数に楽しみを提供している。しかし前者の負担が過度になったため、後者に「不便」をかけている。深刻な苦難に晒されるのは少数者で、ちょっとした不便で文句を言うのは大多数。だが有権者としては1人1票とまったく平等なので、人数の多いほうの言い分に傾く。

しかし本当の問題は、有権者に媚びを売るあまり、国家が権限を増やしていることであり、それで私的な領域が公的な領域によって侵食されていることである。政治のレベルから一段降りて、〈倫理〉の世界に入ってみよう。これは9章で述べたように「個人の行動規範」のことである。政府に対して「こうしろ、ああしろ」と言うのではなく、「自分がこう行動することが、社会を善い方向に進める」と考えることである。

いまは〈倫理〉が破綻した状態である。個人がみずからすべきことを放棄して、それで世の中がうまくいかないと、政治に解決を求める。これで国家は権力を大きくしていくが、そのツケは後世が負わされる。選挙公約実現という名目で、政府は次々と権限を獲得していく。個々人が、病院が対応できる程度の患者数で抑えられるくらいに、飲食店で賢明に振る舞ってくれていれば、医療現場だけでなく、飲食店も助かったのに、と悔しい思いがする。

いずれにせよ、政治に要求ばかりする社会はいずれ私的領域を狭め、自由を失う。〈倫理〉が破綻する時、国家権力が頭をもたげてくる。

＊注1 https://www.news24.jp/articles/2021/04/28/07863987.html
＊注2 https://www3.nhk.or.jp/news/html/20210322/k10012928321000.html
＊注3 https://www.newsweekjapan.jp/stories/world/2020/08/post-94094.php
＊注4 https://www.sankei.com/world/news/210102/wor2101020008-n1.html
＊注5 https://www.jiji.com/jc/article?k=2020071900329&g=int
＊注6 https://mainichi.jp/articles/20210402/k00/00m/030/036000c

＊注7　https://www.cnn.co.jp/world/35166602.html

＊注8　https://www.asahi.com/articles/ASP4W3TKTP4WPTIL00H.html

＊注9　Hans Sluga, Politics and the Search for the Common Good, Cambridge University Press,2014.

＊注10　Margaret Gilbert, A Theory of Political Obligation, Oxford University Press, 2008.

＊注11　Dudley Knowles, Political Obligation, Routledge, 2009.

＊注12　拙著『ロールズ正義論入門』論創社、２０１９年。

＊注13　https://www.inshokuten.com/foodist/article/6083/

# 第11章　確率論的な思考

## 4つの風景

ニュースの接し方は人それぞれである。私の場合はNHK NEWS WEBのヘッドラインだけ眺めて、必要な場合はクリックして中身を読み、さらに深めたい時はNHKが依拠している原典（政府・研究所・学会など）のサイトに行ったり、新聞など別のサイトに移る。自分がいつも最初に見るサイトをどこにするのかはまったくの好みで、多くの人が自分の好きなSNSを中心にしているかもしれない。ツイッターなら右横に関心のありそうなニュースが並ぶし、フェイスブックも投稿から推察された興味関心に基づいた項目が掲示されるようになっている。

だいぶ前の話で恐縮だが、２０２１年4月から5月にかけて3回目の緊急事態宣言の頃にタイムスリップしていただきたい。その理由はふたつ。ひとつは個人的な理由で、ゴールデンウィーク中はニュースが半お休み状態だった分、連休明けに一気に、私にとって印象に残り、深く考えさせてくれたニュースが多くあった。

もうひとつの理由は、ニュースを読んでいてこれほど深刻に考えさせられることが、いまはもうなくなったことである。最大の理由は、コロナ関連のニュース自体が減ったことで、これは「コロナ飽き」のせいだと思っている。読者が離れたか、伝えるほうも疲れたのか、または取材に応じない人が増えたのか。

だから古い記事を引用するとはいえ、中身はコロナ禍全般に通用する普遍的なことなので、少しつき合いいただきたい。２０２１年4月から5月の3回目の緊急事態宣言中のゴールデンウィーク直後の話である。大型連休が明けると、今後の展望が議論されるようになり、連休明けの5月6日には、堰を切ったように多くのニュースが飛び込んできた。それらをすべて読んでいくうちに、奇妙な感覚に襲われたので、ぜひ共有していただき、そして可能なら一緒にお考えいただきたい。それでは5月6日から7日にかけて私が触れたニュースを列挙しよう。

NHKだけでなく、たいていのニュースサイトは、アップした時系列に並んでおり、とくに上から下に向かって時間を遡っていく。以下のニュースも、最新のものから時間を前に辿っていくが、まさにこれが私が読んだ順番なので、僭越ながら、私の生の感覚を追体験していただければ幸いである。

私はアップされた最新ニュースのすべてのヘッドラインを読むようにしているが、コロナ関連だけは開けて記事全体を読んでいる。ということで、最初に目に飛び込んできたのは「想像と違いすぎた〝風景〟新人看護師　この1年」*注1という記事だった。

岡山県の病院の話で、そこは「県内に4つしかない感染症指定医療機関の1つ」だが、院内クラスターが発生してしまった。そして「病院の取材を続けるなか出会ったのが、当時、新人看護師の川島さん（仮名）です。クラスターが発生した病棟で働いていました。川島さんが語ってくれたのは、胸の内にある悔しさです。感染後、10日間の自宅療養中に受け持っていた患者が亡くなりました。……川島さんには4人の同期がいます。……同期の『一緒に乗り越えよう』ということばが力をくれたといいます」

続けて「しかし、過酷な現実を受け止めきれなかった同期もいます。新型コロナの重症患者の対応にあたってきた武田さん（仮名）です。／武田さんに異変が起きたのは、去年の大みそかでした。院内クラスターが収束し、ほっとしたのもつかの間、朝、ベッドから起きられなくなりました。その後、食欲がなくなり、ひどいときには食べ物を見ただけで吐き気を感じる日々。それでも、責任感から休まず仕事を続けていましたが、やがてマイカーで出勤しても車から降りられなくなりました。

武田さんは1年目の病棟で、極度の緊張と重圧を感じていました。自分が感染しないか、患者に感染させないか。新型コロナで重症化する患者にどう対応すればいいか。不安や心配は次から次に襲ってきます」。

この看護師さんは3か月間の休職後に復帰し、「自分がこんな状態で患者さんに接していいのかと悩みましたが、患者さんの役に立てていると感じられてうれしいです。患者さんから学ぶことばかりです」と述べている。

あとは現物をお読みいただくことに越したことはないが、私は久々に文字のニュースを読んでいて涙が出てしまった。そして次の記事に移ると、タイトルは「大阪府 緊急事態宣言の延長を国に要請*注2」。ニュースの中心は大阪府知事の決断と感染状況だが、最後に「焼き鳥店『納得できない』」という小見出しで飲食店の反応が載せられていた。

地の文の「大阪府が緊急事態宣言の延長の要請を決めたことについて、大阪 ミナミの焼き鳥店は経営状況のさらなる悪化を懸念しています」という説明の後、次のようなコメントがあった。

「ただ延長と言われても、どうしたらいいのか分からず私たち商売人にとっては納得できません。私たちは日々の暮らしで命をかけているので、国や府にはそういうつもりで対策を講じてほしいです」

　飲食店の大ファンとしては、ただただ悲しみでため息をつくしかないニュースである。そして「前ページ」をクリックして、ヘッドラインが並ぶページに戻り、スクロールダウンすると「百貨店協会〝特段の配慮〟政府に求める　宣言延長の場合も[*注3]」というタイトルに目が止まる。冒頭の説明は次のようにある。

「4都府県への緊急事態宣言をめぐって、デパート各社でつくる日本百貨店協会は12日以降、宣言の期限が延長された場合も感染対策を徹底したうえで、可能なかぎり営業を拡大したいとして、政府に対して『特段の配慮』を求める要望書を提出しました」

　確かにデパートでクラスターが発生したなんて話は聞いたことがないし、実際に私もこの間、何度か訪れたことがあるが、対策は万全だと思う。あるデパートは駅地下から続く入り口の手前からアルコールとともに、非接触型の体温計を設置しており、客みずから前に立てば、自動的に体温を測ってくれる（半数は素通りしていたが……）。対策に手間とカネをかけているのだから、それなのに「休業要請は理不尽！」と思うとしたら、それは当然であろう。

そしてまたヘッドラインのページに戻り、下の項目を追っていくと、「『無観客開催の要請 撤廃を』舞台や音楽の団体が声明を発表[*注4]」というタイトルに出会う。冒頭で次のように説明する。

「4都府県に出されている緊急事態宣言の延長が検討されていることを受けて、舞台芸術と音楽の業界団体がそれぞれ声明を発表し、現在の宣言に含まれている『無観客開催』の要請を撤廃するよう求めています」

実際に「緊急事態舞台芸術ネットワーク[*注5]」のサイトに飛ぶと、NHKも引用している次の説明が掲示されている。

「公演に従事するものたちの生活は、時々刻々と、危機的状況に追い込まれています。一人ひとりは、文化創造を支え続けるという誇りを胸に、真摯《しんし》に取り組んでおりますが、残念ながら、限界は近づいているように感じております」

同じ記事の下のほうには「映画館や演芸場も声明『一定の制限下の元で営業を』」とい

う見出しで、両者の「一定の制限下の元で緊急事態宣言下でも営業を続ける陳情をして参ります」という見解も紹介している。

8章で書いたように、私は音楽ファンなので、演劇や映画ではないものの、エンターテインメント業界の苦境にも心を痛めている。そして2020年は一部のシアターでクラスター発生というニュースもあったが、気の毒なことに対策のしようのないところもあるものの、対策ができるところは最善の努力で公演を続けて感染者を出してこなかった。「ここまで努力したのに……」と悔しい思いをされている方は多いだろうし、私もその心痛を共有する。

## 5つめの風景

病院、飲食店、百貨店、エンターテインメントという4つの悲痛な叫びを熟読して、重苦しい気持ちになったが、さらにヘッドラインのページに戻って、下の項目を追っていく。すると「宣言の効果と経済的影響〝強い規制を短く〟専門家が指摘」というタイトルの記事が出てきた。*注6 9章でも採り上げた、NHKがよく紹介する東京大学の経済学者グループのシミュレーションである。それによると「グループでは『強い規制を短く実施するほうが、総合的にはよい』と指摘しています」とのことである。

前提条件として「シミュレーションでは、変異ウイルスの感染力を従来の1・4倍とし、宣言の効果を去年春の1回目の宣言と同程度と想定しました」これにより、ふたつのシナリオが導かれた。

1「東京では5月の第4週に新規の感染者数が1日500人を下回った時点で宣言を解除した場合、感染者は再び増加に転じ、7月中旬には緊急事態宣言が必要なレベルになるという計算となり、経済損失はおよそ3兆5000億円となりました」

2「宣言の期間を延長して7月の第1週に200人を下回った段階で解除した場合は、10月の第3週に1000人を超える計算になりましたが、想定どおり高齢者へのワクチンの接種が進んでいれば、医療への負担が少なくなるため、宣言を出すレベルには達しないという結果になったということです」。この場合の経済的損失は1よりも5000億円少ない3兆円とのことである。

そして東大の先生は次のようにコメントしている。「緩い規制を長く続けるよりも強い規制を短く実施するほうが、総合的にはよい。先週の人出は去年5月ほどには減っていないと思うので、感染者数が横ばいとなり、緊急事態宣言がダラダラと続く状況が心配される」。

これら5つの風景は共存できるのだろうか。私はいままでも、そしていまでも、人の命には代えられないし、医療現場の惨状こそ、第一優先課題として取り組まなければならないと考えている。しかし「コロナ↓重症化↓死」ほどダイレクトではなく、あいだに「商売」が入るものの、飲食店や百貨店やエンターテインメントも生死がかかっている話であり、軽視することはできない。それで食っている人が「営業するな！」と言われ、それも当初の期限からどんどん先延ばしにされていくことは、生殺し状態で、見るに堪えない。

ではどうすべきか。私に答えなどあるはずがない。私よりも優秀な人が大勢いる政府が手をこまねいているのである。一介の研究者に万能薬が発明できるはずがない。しかしそれでも、たぶん何か別のことを考えたほうがいい時期かもしれない。

## 偶然を再考する

毎朝、散歩していると、徹夜で飲んでいたと思われる若者たちが、マスクを外したまま大声で話し込んでいる姿を見かけることがある。政府も専門家もマスコミも、みんなが「マスクの着用・手洗い・三密回避」をくり返しているが、している人はしているものの、していない人はまったく気にしていない。ほぼ毎日というくらい、マスクなしでコンビニに入っていく人を見かける。それで感染するとは思わないが、「まだそういう人がいるのか」と呆れてしまう。

しかし「徹夜でマスクなし飲み会をした若者が感染させたのか、重症化させたのか、医療崩壊を引き起こしたのか」と質問されれば、「NO」と答えるしかない。3回目の緊急事態宣言では、飲食店には酒類の提供を停止した上で時短営業するよう要請し、百貨店には生活必需品以外は休業して欲しいと求めて（高級ブランド品って必需品？）、スポーツやエンターテインメントには無観客でやるようお願いしている。これらは「人の流れを止める」ことを目的にしているが、それは「マスクなし徹夜飲み会」を防止するための策でもある。

改めて、こういう若者が感染させたのか。原因と結果を結びつける「因果関係」で考えるなら、私が目撃した若者のひとりがウイルスを持っていて、それを仲間内でばら撒いて、それぞれが自分の家庭に持ち帰り、親に感染させて重症化させた、という経路になるだろう。こういう具体的な因果関係をもとに「若者が感染させたのか？」と質問されたら、答えは「ＮＯ」である。

では、なぜ人の流れを止めなければならないのだろうか。それは、マスクなし徹夜飲み会をまったく野放しにしていたら、感染を止められなくなるからである。「だれが」やらかすかはわからない。しかし「だれかが」やらかすことは確実である。特定の因果関係は辿れないが、コロナ前のような飲み会を続けていたら、「どこかで」「だれかが」感染し、それを広げてしまう。そして「だれが」当たるかはまったくの偶然である。

ウイルスが発生したのは偶然で、ウイルスが進化したのも偶然だ。そして人が普通に生活していて、そこにウイルスが入り込むかどうかも、悲しいことに、まったくの偶然である。昨夜も（どの「昨夜」でもよい）緊急事態宣言を無視してマスクなし飲み会をした人は多いだろう。しかし大半の人は感染せずに、何事もなく日常を続けている。

私はこの「偶然」を引き受けられるかが、〈倫理〉レベル（みずからの行動規範というレベル）で感染を防止する思想的カギだと思っている。それを感じたひとつのきっかけが仙台市の感染者数である。仙台市は３月半ばから急激に感染者が増え、３月31日には１２３人になり、この日は宮城県全体で２００人の陽性者が発表された。*注7

ちなみに、偶然、仙台在住の知人とメールのやり取りをすることがあり、この話題に触れたら、原因は「3・11」の10周年と教えてくれた。そこでウイルスが広がり、その後の3週間、仙台全域で市中感染が起こったというのである。ひとつひとつの細かい経路は不明だが、総計として、大イベントの3週間後に数字的にピークが来るということである。

これは仙台市だけの問題ではない。仙台の人びとは、ほかの地域の人たちと同じ生活を送っていたはずである。「3・11」の10周年は重要な出来事であるものの、大きなイベントは全国いたるところで行われている。しかしほかの地域では感染者はここまで大幅に増加したわけではなく、ただ運悪く「3・11」の10周年の際にウイルスが入り込んだという偶然の産物で、この数値になってしまった。

仙台市の発表によると、3月中に19件ものクラスターが発生したが[*注8]、同じような生活をしていて、ほかの地域ではこの数のクラスターが発生したわけではなかったことを考慮すれば、仙台市の惨状は単なる偶然でしかない。その後の話だが、2021年5月6日に仙台市が発表した感染者数は15人だった[*注9]。一度、人の流れを止めれば感染が収まる見事な成功例である（その後、8月後半には再拡大しているが）。

しかし人間は「だれかのせい」にするためには、因果関係で考えないと気が済まない。

「あなたがこう行動したから、ビリヤードで球と球が当たって、後者が別の球に当たって云々、という単線的な原因と結果の関係で、こういう事態に至った。だからあなたの責任だ」というのが追究のための正当な理由になる。

だがコロナの場合は、あなたのマスクなし飲み会が直接的な原因で医療崩壊を引き起こしているわけではない。問題は「総体として」こういう飲み会を野放しにしていたら、感染者が増えて、それにつれて重症者も増えて、医療現場が行き詰まることで、それは「一対一の原因と結果」という枠組みには収まらない。事後的にクラスター対策班が調査した結果、たとえばどこどこの飲み会で濃厚接触した人が原因だったと突き止めることはできる。しかし事が起こる前に「こういう直線的な関係で感染が拡大する」と明言することは不可能である。

私が考えていることは、政府の指針になるものではないし、専門家に説得力ある理屈を提供できるわけでもない。しかし考え方の前提として、直接的には役に立たなくても、哲学的に考えるならば、コロナの場合は「責任の所在」を因果関係で説明することには無理がある。前提自体を変えなければならない。それを仮に「確率関係」と言うならば、これは「マスクなし飲み会など、あなたの行動が直接的な原因で、重症化や医療崩壊という結果を引き起こすわけではない。ただ、あなたのような行動を放置しておくと、確率論として、感染が拡大する可能性がある」ということを意味する。

確率関係的な説明に説得力があるかどうかはわからないし、たぶんないだろう。しかし因果関係的な説明に説得力がないことは確かである。われわれは思考の前提から変えなければならない。問題は確率論的、統計的な発想が浸透していないことである。ここまで感染が拡大したら、マスクなし飲み会で感染が起こる可能性はゼロではない。必ず当たりくじ（負の当たりくじ）のある宝くじのようなもので、マスクなしであれば、「どこかで」「だれかに」当たってしまう。とはいえパーセンテージで言えば、それはほぼ間違いなく「あなた」ではない。

だが確率を「ゼロ」にするためには、マスクなし飲み会をゼロにしなければならない。「あなたに問題はない。あなたのせいでもない。でも感染の確率をゼロにするには、マスクなし飲み会すべてをゼロにしなければならない。あなたには苦痛かもしれないが、それが社会人としての責務である」

これで「はい、わかりました。徹夜の飲み会は止めます」と言ってくれる人はいないだろう。しかし、もうその前提的な思考を問い直す局面ではないだろうか。

＊注1 https://www3.nhk.or.jp/news/html/20210506/k10013002631000.html

＊注2 https://www3.nhk.or.jp/news/html/20210506/k10013015211000.html

＊注3 https://www3.nhk.or.jp/news/html/20210506/k10013015991000.html

＊注4 https://www3.nhk.or.jp/news/html/20210506/k10013015781000.html

＊注5 https://www.jpasn.net/cn1/20210506.html

＊注6 https://www3.nhk.or.jp/news/html/20210506/k10013015731000.html

＊注7 https://www3.nhk.or.jp/news/html/20210331/k10012947751000.html

＊注8 https://www.city.sendai.jp/kenkoanzen-kansen/documents/corona-march2.pdf

＊注9 https://www.city.sendai.jp/kikikanri/kinkyu/200131corona2.html

# 第12章　情報空間論

## テレワークの現状

日々の感染者数のうち半数以上は経路不明だが、濃厚接触者の感染経路は、①家庭内（同居する人から）、②職場、③施設（保育園、学校、高齢者施設、病院など）、④会食となっている。*注1 家庭内の感染を止めるのはむずかしいので、職場での感染を抑えるためにテレワークを進めたい。厚生労働省は「テレワークを有効に活用しましょう～新型コロナウイルス感染症対策のためのテレワーク実施～」というパンフレット*注2を作成し、企業に導入を呼びかけている。

このパンフレットによると「テレワークとは、インターネットなどのＩＣＴを活用し自宅などで仕事をする、時間や場所を有効に活用できる柔軟な働き方です。新型コロナウイルス感染症の感染拡大防止の観点からも、有効な働き方です」。会社側のメリットは「非常時に感染リスクを抑えつつ、事業の継続が可能」「従業員の通勤負担の軽減が図れる」「優秀な人材の確保や、雇用継続につながった」「資料の電子化や業務改善の機会となった」であり、働く側のメリットは「通勤の負担がなくなった」「外出しなくて済むようになった」「家族と過ごす時間や趣味の時間が増えた」「集中力が増して、仕事の効率が良くなった」である。

しかし『プレジデント』(2021年3月23日)は「1年に及ぶコロナ禍の在宅勤務のため運動不足で体力・筋力が低下している人が増えている。厚生労働省によれば、運動不足による国内の死亡者数は、喫煙、高血圧に次ぐ第3位でその数は年間約5万人に及ぶ*注3」と警告。「外出しなくて済む」は利点だけではない。

また「家族と過ごす時間が増える」もよいことばかりではない。読売新聞(2020年7月12日)は「夫がテレワーク、主婦4人に1人が望まず……『ずっと家にいて家庭不和』」という見出しで「自粛期間中にテレワークを行った人の約9割が『今後も行いたい』と回答した。ただ、夫がテレワークをしていた専業主婦の約4人に1人は『今後はしてほしくない』と答えた。理由で最も多かったのは『夫がずっと家にいることで家庭不和になり、子どもに悪影響なため』だった」*注4と報じる。

加えて、仮にテレワークがよいことだとしても、2021年4月から5月にかけての3回目の緊急事態宣言下では、テレワークはあまり進まなかった。7月から9月の4回目の緊急事態宣言では「テレワーク」「リモートワーク」という言葉さえ、聞かれなくなってしまった。2020年4月の1回目の緊急事態宣言では、出勤者の7割が削減できたが、3回目の緊急事態宣言では2割から3割に留まっているという。*注5 テレワークに向かない業種が多いとか、オンラインのセキュリティに問題があるとか、ミーティングなど対面にこだわる風潮が強いとか、いろいろな原因が考えられるが、できるのに積極的でない会社もあるようだ。

NHKの「テレワークしづらくないですか?」という記事(NHK NEWS WEB 2021年1月14日)はSNSに投稿された声を紹介している。*注6

「夫の会社はテレワーク推進とは言ってるものの前回の総括でさぼってるのではないかという話が出た。その結果、夫の上司は上への忖度のために基本出社。テレワークは上司の許可制にしたので夫は出社。

別に出社しなくてもできる仕事で、東京のど真ん中勤務で会社もテレワーク推奨してるのに上司様の判断でテレワークになりません。上司の言い分は『他の会社がテレワークになる分、電車が空く』『効率が下がる！』『今回［2021年1月からの2回目］の緊急事態宣言の主旨は飲食店！　だからテレワークの必要なし！』。

リモート環境も整ってるし前回の非常事態宣言時はすぐに在宅に切り替えられたし、いつでもテレワークできる会社なのに現在、誰もしてないうちの会社。理由は『誰もしてないから』。朝礼でも『今回の宣言は前とは違く経済活動を止めないから気を引き締めて頑張ろう』みたいなこと言われたし」

これについて専門家は「日本の雇用形態は欧米と異なり、従業員の職務範囲があいまいで、それぞれの関係性の中で仕事を進めてきたため、『同調圧力』が生じやすい特徴があります。『上司や同僚も出社しているから自分も』と本来テレワークしたくても、他者との関係で『心の足かせ』がかかってしまう状態です」と解説する。

## テレワーク楽観論

しかし2020年春の時点では、「テレワークで働き方革命!」みたいなことが言われていた。この時期は1回目の緊急事態宣言の最中から、それが明けた頃で、感染に関してはまだ世間に重苦しい雰囲気があったものの、テレワークについてはコロナ後でも定着するのではないかと思われていた。

私がテレワーク楽観論を最初に感じたのは、NHKの「『住まいはどこでもいい』さよならオフィス アメリカの新常態」[*注7]という記事(NHK NEWS WEB 2020年6月17日)であった。冒頭で紹介されているのは、ボストンの会社に勤めているものの、カリフォルニアに住む人である。彼はオンラインのインタビューで「昔から当たり前のように続いてきた、会社員はオフィスと同じ地域に住む、という必要性はほぼ完全になくなったんじゃないですか。私の友人はハワイに引っ越しましたよ」と述べる。

記事は次のように解説する。「新型コロナウイルスをきっかけにしたテレワークの普及は、アメリカの企業と働き手を確実に変え始めていると感じます。中には、〝オフィスそのものをなくす〟という大胆な決断をした会社も出てきています」

　ＮＨＫはニューヨークにオフィスを構える会社のＣＥＯに取材したが、そのＣＥＯが決断した理由はふたつ。ひとつは「この時代、対面でなくても顧客と連絡を取り合える最新の技術が、かつては想像できなかったほどたくさんあります」（ＣＥＯの言葉）で、もうひとつは「世界一とも言われるマンハッタンの高額なオフィス賃料」であった。

　住まいに関しては、東京でも似たような現象が起きている。ヤフージャパンニュース（２０２１年3月8日）の「コロナ環境下で進む東京からの移住、脱出先は千葉、茨城県[*注8]」によれば「東京都の転入超過数は大幅に減少していることがわかります。２０１９年8万2千人であった転入超過数が約5万人減少しています。これはコロナの影響により、東京での就職や入学を控えた人がいたことに加え、移住などにより、東京から他県への流出があったためではないかと推察されます」とのこと。

　そしてテレワークは単身赴任という悪しき慣行まで変えようとしている。ＮＨＫの「『単身赴任　解消』に見る企業の変化　新型コロナで変わる働き方[*注9]」（NHK NEWS WEB ２０２０年8月11日）は「今、新型コロナウイルスの感染拡大に伴って、単身赴任を解消しようという動きが出始めています」と述べる。

この会社は「新型コロナウイルスが拡大したことし［2020年］3月下旬からは、オフィスで働く従業員を対象に『在宅勤務を原則とする』という働き方に変えました」と。「オフィスで勤務していたときと同じように在宅でも働けるだけでなく、通勤時間の削減や業務の効率化というメリットも出てきたといいます」となり、「会社がさらに踏み込んだのが、単身赴任をやめること」であった。

事例が以下のケース。「北海道出身で地元の工場に勤務している従業員が東京にある本社の管理部門に転勤する場合、これまでは北海道に家族を残して東京に単身赴任することもありました。しかし今後はテレワークを原則とし、業務に支障が無いと会社が認めれば、北海道で家族と一緒に暮らしながら、東京にある本社の管理部門の業務を行います」

もちろん、すべての業種で完全テレワーク化は無理だし、望ましいことでもない。アフター・コロナに向けて、コロナ悲観論に反比例するかのように花盛りだったテレワーク楽観論の中心は「ハイブリッド型」であった。『ニュースイッチ』というニュースサイトは2020年4月30日付で「新型コロナでテレワーク移行したが……不動産大手『オフィス不要論』への答え」[*注10]という記事を掲載している。

記事は「〝働く場〟、リアル・オンライン共存『いいとこ取り』で進化」という見出しで「その［オフィス勤務とテレワークの］バランスは企業や職種、時期などによって、複雑に変わる……。首都圏と関西圏、福岡県の全従業員が在宅勤務を経験する中で、まずテレワークの有用性を確認。郵便物の対応や書類への押印といった作業のために出社した人はいたが、いずれも代替できることを確認した」とある。

またザイマックス総研のサイトに掲載された「『コロナ在宅でオフィス不要論』は本当か？　オフィス縮小派の声」（2020年9月16日）と題する記事[*注11]は「6月の企業調査では、『オフィスが不要になる』兆候はまだみられませんでした。コロナ危機収束後のワークプレイスの方向性について聞いた結果、46・5%と半数近い企業が『メインオフィスとテレワークの両方を使い分ける』と回答し、次いで『収束後は以前同様に戻り、あまり変わらない』（26・5%）が続きます」というデータを紹介。

IT（情報技術）関連のニュースサイト『ITメディアビジネス』（2020年5月25日）も「コロナ後もテレワーク、『オフィス消滅』企業が続々」[*注12]という記事を掲載し、ある会社について「同社では東京都など7都府県の緊急事態宣言（4月7日）の直前に、約50人いる社員のほぼ全員がテレワーク体制に移行し、コロナ終息後も続ける方針だ。今後、臨時の面会などに使う小さいスペースを借りるかは検討中だが、少なくとも社員の固定席があるオフィスは持たない」と説明する。

『スタログ』というサイトにも「オフィスは本当にいらないの？　縮小移転とコロナの影響について」（2020年11月17日）という記事[*注13]があり、「経費節減」（家賃・光熱費・交通費）とテレワーク継続を前提にした「オフィス最適化」のために「オフィス縮小移転需要」が高まっているとし、今後のオフィスの役割として「テレワークが進み、『オフィスという存在がなくても問題ない』と感じている人も多いかもしれませんが、一方でリアルなコミュニケーションも大事だと気付かされた人も多いと思います。集中して行うソロワークは、在宅勤務やコワーキングスペースなどが適していますが、アイデア出しや企画会議など、画面越しではできないコミュニケーションが大切な場合も多くあります。またオフィスに行き、社内外の人々と触れ合うことで得られる刺激が、業務の推進力になることもあります」と展望している。

その結果、「同僚と直接会うのは、年に1度の忘年会だけ。『オフィスはいらない』完全テレワークな会社の経営哲学[*注14]」（BuzzFeed Japan 2020年6月24日）となるのかもしれない。

## 物理空間から情報空間へ

コロナの時代を生き抜くには、もともとの性格が大きく影響するだろう。いつまで経っても感染が収まらないのは、「群れる」習性があるからだ。「群れる」と書くと、蔑称のように響くが、単に人間が社会的動物であり、人間どうしのコミュニケーションが生きるのに不可欠だということを表現しているに過ぎない。

しかし群れ方にもいろいろあり、コロナ向きと不向きがある。少人数でしっとり飲むタイプの人なら、大ごとにはならないだろうし、大人数で大騒ぎしたいタイプには、コロナは不利に作用する。

だから以下の叙述は、独りで居ることが好きな内向的でネクラな人間が一方的な見方を披露しているだけと受け取られるだろうし、実際そうである。しかしそういう生き方を提案してもいい段階に来ているし、むしろそういう生き方を世間にも許容して欲しいという意味も込めて、ウイズ・コロナ／アフター・コロナを通じた新しいライフスタイルについて考えてみたい。

まず個人的な話をすると、私は基本的にはフリーランスで、そんなに多くない収入とはいえ、半分は執筆で、半分は講演で稼いでいた。しかしコロナ禍で一時期、講演の仕事がなくなった。

とはいえ「捨てる神あれば拾う神あり」で、２０２０年秋からオンラインで講演の仕事が戻ってきた。企業研修でＩＣＴ（情報通信技術）について説明するので、世間的に言う「講演」というよりは「学習会」と表現するのが相応しい。クライアントはＩＣＴ業界の人たちなので、すでにズーム（Zoom）の使い方に慣れており、そのなかに一度も使ったことがない私がいきなり放り込まれた。

だから、まだ紙媒体で資料を配っていた頃からのスタイルを変えられず、「画像の共有」でもワード文書をそのまま出したので、学習会後のアンケートで散々、ケチをつけられた。

しかしＩＣＴを専門のひとつにしていることもあり、もともとからテクノロジー好きなので、一度慣れると一気に使いこなせるようになった。「講演」というと、立って、聴衆に向かって演説をぶつように力を振り絞らなければならないし、そのためパワーポイントで説明するという技術屋的スタイルは効果的でないが、オンラインでは視覚的資料を駆使して、テクニカルなことをていねいに解説する語り方になる。

これがなんと私に合っていたのである。いまではパワーポイントを画像共有して、ただしいつまでも資料ばかりだと聴衆が飽きるので、たまに画像共有を停止して顔を見せることで、「ちゃんと聴いてくださいね」という意思表示をする。その使い分けに慣れると、むしろズーム学習会が楽しくて仕方ない。

とはいえ、ズームも進化しており、私の感覚では2021年の初めあたりから、画像共有していると、私や受講生のみなさんを映している画像が右横に縦に配列されるようになった（画像共有しているパワポの右端と重なり、少し不便なところもあるが……）。話している私の顔は、私が画像共有しているパワポの右横に映し出されている。これで、いちいち画像の共有を停止しなくて済むようになった。頭のいい人たちが、あっさり解決してくれる時代である。

ズームと書いているが、たまにチームズ（Teams）も使う。私は外部講師だから、主催者がホスト役になり、オンライン学習会をコントロールして、主催者が私に「招待」を出し、私がそこにログインする。だから私はズームのアカウントを持っているだけでよく、ズームの料金は相手が払っている。そういうことなので主催者がチームズを使っていれば、私はチームズを立ち上げて、そこからアクセスしなければならない。しかし私もそうだが、ウインドウズを使う人が多いため、チームズは慣れればズームと操作性に違いはない。

ただ両方を使ってみると、画像の美しさや音声の感度はズームのほうが上だと感じている。人様に自分の部屋を見せられないのでバーチャル背景を使っているが、チームズのほうが私の身体と背景との輪郭がぼやけており、ズームが活用される理由がよくわかった。

立って話すことに慣れていたので最初は違和感があったが、もちろん内容にもよるが、私のようにICTというテクニカルなことを細かく説明するには、演説調でやるよりは、座って、パワポを使って、じっくり、とつとつ語るほうが最適だったと、いまさらながら悟っている。それもパソコンを見ながら、自分の資料を自身で自在に操り、話している途中で別の資料に差し替えたかったら、その場でブラウザを開いて、みんなに見せることができる。なんて私向き！

効用はこれだけではない。単純な話、私は自宅から学習会の講師の仕事をこなせる。要するに、電車に乗って、物理空間を移動する必要がない。これは本当に、本当に素晴らしい。呼んでくださり、交通費も払ってくださった主催者に知られたら、叱られるような話だが、たとえば私が東京に住んでいるとして、大阪に講演に行くとする。私は1時間の仕事のために、往復5時間も新幹線のなかに閉じ込められなければならない。

私は哲学を専門としており、講演（というよりは学習会）ではＩＣＴについて解説している。これに「人工知能の哲学」を加えると３つの領域、というよりは２・５の領域を専門としている。

人工知能の哲学は英米で１９７０年代から80年代に流行った。コンピュータ言語は論理学を基礎にしており、英米の哲学を「分析哲学」と言うが、分析哲学も論理学を基礎にしているため（フレーゲ、ラッセル、ヴィトゲンシュタイン）、論理学に精通する哲学者が多く、この頃までのコンピュータ・サイエンスならば哲学者も理解できた。

だからイギリス留学時に分析哲学を学んだ私には、人工知能は、プログラム自体を書くわけではないが、専門のひとつである。しかしこれは哲学の一分野なので、哲学と「人工知能の哲学」を別にしなければ、ＩＣＴと合わせて２・５になる。とはいえ人工知能は現代ではＩＣＴの一部なので、私にとっては人工知能を媒介として、哲学とＩＣＴは一気通貫しており、哲学―人工知能―ＩＣＴはひとつながりである。

話が横にそれた、新幹線での過ごし方である。悲しいことに、私は乗り物で眠れない。ならば本を読んで時間をつぶすかというと、新幹線内では難解な哲学書を読むことができない。というより、家にいても、哲学書に対する時は、適切な環境を整えないと集中できない。最低でも2～3時間はまったく何もしなくてよい状況をつくり、野暮用をすべて済ませて、哲学書と一対一の真剣勝負に入る。

哲学書との接し方を儀式にまで昇華させている変人からすると、車内で本は読まない。ならば音楽でも聴けば？　と薦められるかもしれないが、これも変人の極致で、音楽もすべての環境を完璧にしておかないと、聴けない。クラシック音楽しか聴かないので、演奏時間中はいっさい邪魔が入らないような状況にしておく。

さらにクラシック音楽は音の大小が激しい。マーラー3番の第1楽章は壮観な8本のホルンから始まるが、これに音量を合わせると30分を超えるこの楽章の3分の2は聞き取れない。一方、牧神が目覚める前の冬を表現したフレーズに音量を合わせておくと、雪解け後の激しい旋律で鼓膜が破れてしまう。

要するに、いままで私は1時間の講演のために、1日をまったく無駄に過ごしていた。新幹線の5時間に加えて、前後の移動と、帰宅後の疲れ。さらに主催者に知られたら絶交されるようなことを書けば、ご好意で宿泊すると、その分がまだ無駄になる。その上、当然のように会食に誘ってくださるのはいいが、たいていは夜遅くまで引っ張られる。出張先での午前様は、歳も歳だから、その日に帰ることを考えると、やはりキツイ。

つまり私は「リアル」の世界で生きるのが困難な人間だから、オンラインという「バーチャル」に居心地のよさを感じている。ただし、飲み会が嫌いなわけではないことは明言しておきたい。出張だと昼間の講演が多いが、オンラインだと開催しやすく、企業研修だと終業後の18時開始が多い。そこで気を利かした主催者は、私のためではなく、参加者の親睦を深めるために、学習会後にオンライン飲み会を入れる。

これが素晴らしいのは、それぞれが好きなものを自分で用意できること。私はワイン好きで、超変人的なこだわりがある。なんでも飲むのだが、健康のことを考えると飲み過ぎたくない。だから「いま飲みたい」ワインだけを飲みたい。カベルネソーヴィニヨンは悪酔いした経験から飲みたくない。ボルドー全般には興味がない。ある時、南仏系のグルナッシュやカリニャンに凝ったが、この1年は南北アメリカ大陸のピノノワールを試している。加えて、次の日も5時に起きて早朝散歩をしたいから、「ボトル半分まで」と決めている。飲みたい品種を飲みたい量だけ飲む――オンライン飲み会だと自分で調整できるところが優れている（フェードアウトもしやすいし）。

だから私は以上の個人的な好みから、物理空間からの撤退を提案したい。コロナが終わっても、すべての学習会がズームやチームズで行われることを望みたい。出張をなくしたい。電車や飛行機に乗っている時間を省きたい。そのためには、みんなにオンラインの効用を知ってもらい、仕事と家庭を含めたライフスタイルをすべてオンライン化して欲しい。もしみんながこういった情報空間のほうが居心地がいいと思ってくれるようになったら、世界は大きく変わる。無駄な時間と労力が浪費されず、さらに素晴らしいことに、交通による環境汚染問題が解決される。コロナをきっかけに生き方を変えよう。

＊注1　これは2章の注1でも述べたことだが、2021年7月21日の東京都のモニタリング会議で出された分析であり、必ずしも、いつもこの順序とは限らない。
https://www3.nhk.or.jp/news/html/20210721/k10013151801000.html
＊注2　https://www.mhlw.go.jp/content/000716163.pdf
＊注3　https://president.jp/articles/-/44362?page=1
＊注4　https://www.yomiuri.co.jp/national/20200711-OYT1T50264/
＊注5　https://www3.nhk.or.jp/news/html/20210508/k10013018731000.html
＊注6　https://www3.nhk.or.jp/news/html/20210114/k10012812971000.html
＊注7　https://www3.nhk.or.jp/news/html/20200617/k10012473341000.html

なお、この記事は、残念ながら、すでにサイト上から削除された。ただし、「『住まいはどこでもいい』さよならオフィス　アメリカの新常態」とコピーペーストしてグーグル検索をかけると、そういう記事があったことは証明できるが、それをクリックするとNHK NEW WEBのホームページ上に飛んで「記事が見つかりませんでした」と表示される。引用元を提示できないので、本来なら、本文中からもこれに関わるすべての記述を削除すべきだが、あまりにも秀逸な記事なので、ぜひ知っていただきたく、そのまま残すことにした。

＊注8　https://news.yahoo.co.jp/byline/torusaito/20210308-00226206/
＊注9　https://www3.nhk.or.jp/news/html/20200811/k10012561741000.html
＊注10　https://newswitch.jp/p/22056
＊注11　https://soken.xymax.co.jp/hatarakikataoffice/viewpoint/column042.html
＊注12　https://www.itmedia.co.jp/business/articles/2005/25/news034.html
＊注13　https://www.officetar.jp/blog/2020/11/17/reduced-relocation/
＊注14　https://www.buzzfeed.com/jp/harunayamazaki/monokakido-remotework

# 第13章　コロナ時代の教育

## 質問しない学生たち

テクノロジーをどう考えるか。ラップトップ、アイパッド、アンドロイドのタブレット、スマートフォンにいつも取り囲まれていないと不安になる私は、技術は人間の英知の証であり、使えるものはどんどん使おう、という立場である。コロナ禍でとくに活躍しているのが通信で、その具体的形態が前章で扱ったテレワークや、本章のテーマであるオンライン教育。ここではウイズ・コロナ／アフター・コロナを通じた教育の姿を模索したい。

現在は学生を教えていないが、私のような経歴の者は若い頃、非常勤講師でオン・ザ・ジョブ・トレーニングをさせてもらったものだ。生身の人間どうしがアイコンタクトしながら、対面で学ぶことは、確かに意義深い。しかしコロナ禍で対面がむずかしくなり、オンライン授業が導入された。

テレワークの場合は、もちろん業種にもよるが、ひとりで集中してやる仕事ならば、オンラインである必要はない。仕事の成果を会社に送るとか、資料を仲間で共有する場合はメール程度で済むかもしれない。会議の時だけ、ずっとつなぎっぱなしで、オンラインで話し合う。だからテレワークでは、パソコンを通じて、黙って人の話を長時間、一方的に聞くとか、1日のスケジュールの大半を発表と討議に費やすことは、そんなにないかもしれない（くり返すが、業種による）。

しかし学生の仕事は、1日中、人の話を聞くことである。大学生なら、3年生以降はゼミで双方向のやり取りをするが、それでも1日の大半は黙って教室に座って、教員の話を聞き続ける。

これをオンラインでやるのは、実は想像以上にむずかしいことだと思う。私の企業研修講師という仕事から類推して言うならば、話し手としてはオンラインで不都合はあまりないと思う。でも、聞くほうの立場になれば、パソコンの画面を見ながら1日中、一方的に人の話を聞かなければならないというのは、かなりつらいことなのではないだろうか。

これは私の体験でもあるが、オンラインの利点はむしろ、ひとりだけが話すことではなく、テクノロジーを活用した双方向にあると思う。でも、大学までの一方通行の授業形態のオンライン化では、生徒・学生は結構たいへんではないかと推察する。

ただし「質問しづらい」のかというと、これはオンラインの問題ではないと思う。それを感じたのがNHKの「質問しづらくないですか？」[*注1]（NHK NEWS WEB 2020年11月18日）という記事であった。私の反論を明確にするため、少し長めに引用しよう。

冒頭のリードは次のようになっている。「今や当たり前になりつつある〝オンライン〟の会議や授業。『何か質問ありませんか？』『意見ある人はいる？』画面越しのこの呼びかけにどうしても戸惑いを覚えます。『気になることはあるけれど、今、ここで自分が言うほどでも……』みなさんは気軽に質問できていますか？」

そして大学の先生によるSNSの投稿が紹介される。「授業中に質問は？　とたずねても反応がないのに、あとから個別にメールやDMで学生から質問が来る。質問するのは悪いこと、恥ずかしいことという価値観がどこかで埋め込まれている気がする」

この先生曰く、学生は授業に興味がないわけではない。というのも授業後に、個別にメールやダイレクトメッセージがくるからである。しかしコロナ禍でオンラインになってから、授業中の質問が少なくなっているという。

先のSNSに対して、別の教員たちから「実名だと下手な質問ができないと言われた」「オンラインでチャットをオープンにしているが、みんなが見ている場所での質問はほとんどない」というコメントがあった。

学生からも「質問そのものではなく、みんなが見ている場所で1対1のコミュニケーションをするハードルが高い」「生徒側の気持ちが分かる。自分が質問することで他の人の質問する機会や時間を奪うのは気が引ける」という回答が寄せられた。

もちろんNHKは公平に、オンラインだけの責任にはしていない。記事内に「『無質問』以前から議論に」という小見出しがあり、学生が質問をしない要因として「他者の存在」「友人」「学習動機の低さ」「授業スタイル」が挙げられている。続けて「この中で、特に強かったのが1の『他者の存在』で、具体的には『恥ずかしい』や『目立ちたくない』などといった他人からどう思われているのかを気にする傾向です」という解説。

これについて教育の専門家は次のように述べる。「対面であれば、人の目の動きや表情とか呼吸みたいなものをうまく読んで、今ここで自分が質問するということを、ボクサーが間合いをとりながらパンチするような感じでやっていると思いますが、〝オンライン〟

は、そういうスキルが使えないので、より難しい駆け引きが必要になります」

記事はこの学者のコメントで締めくくられる。「オンライン化したことで質問しづらくなったとすれば、それは技術のせいで、資質のせいではありません。重要なのはコミュニケーションの場をどのように設定するかです。授業をしたり会議を開いたりするいわゆるホスト側の責任が重くなっていると思います」

その道のプロに私のようなものが楯突くのは僭越だが、私はまったく反対だと思う。つまり質問しないのは、資質のせいであり、テクノロジーのせいではない。記事でも触れられているように、オンライン授業でマイクを通して発言させようとするから質問が出てこない。しかしこれは対面の授業でもまったく同じ。人数にもよるが、私の経験では100人くらいの学生がいるなかで「質問は?」と言って、出てきたことは一度もない。そんな勇気のある学生は存在しない。日本の教育はそういうものだ。だからそれは学生の資質である。

むしろオンラインのいいところは、満座ではなく、教師に直接、匿名で質問できることである。メールやダイレクトメッセージでの質問を促せば、むしろ対面よりも双方向が可能になる。やはり同じことを考えている人もいた。『高校生新聞』というサイトに「大学のオンライン授業に学生は賛否『効率よく学べる』『卒業できるか不安』[*注2]」という記事で、そのなかに「チャット機能が便利！　対面講義より活発に質問や発言ができる」という見出しがあり、次のように書かれている。

「授業ごとに設けられている掲示板やズームなどのチャット機能を使って、講義の担当教授に直接質問ができるようになっているそうです。『リアルタイム型』の「オンライン」講義では、手を挙げて発言するのではなくチャット機能に直接書き込むことで、教授がその場で書き込みに反応してくれる講義もあるようです」

「対面の講義の場で手を挙げて発言するのは少しちゅうちょしてしまう場合もありそうですが、チャット機能に書き込むことで、質問や発言がしやすい環境になっているようですね」

そう、これだ！

## オンライン教育の必然性

改めてオンライン教育のメリットとデメリットについて考えてみたい。上記の『高校生新聞』によると、学生が挙げたメリットには「自分の生活リズムに合わせて受講できる」（オンデマンド形式）「家だからこそ　集中できて効率よく学べる」そして既述の「チャット機能が便利！　対面講義より活発に質問や発言ができる」がある。

対するデメリットには「授業動画視聴や課題をためてしまう……メリハリが大切」「自分は4年で卒業できるの？　オンライン授業では補えない不便さ」「やっぱり友達に会いたい！　普通の大学生活が恋しい」など。

『スクールＩＥ』という学習塾のサイト*注3では、メリットとして「一流講師の授業を受けられる」「時間と費用の節約になる」「離島や過疎地の学校教育の手助けになる」「災害や緊急時でも授業が受けられる」「パソコンスキルが身に付く」が挙げられており、デメリットには「通信環境に左右されうる」「学位貸与には不向きという意見もある」「健康への影響の恐れ」（視力の低下、肩こり、難聴）「目や耳の不自由な人への対応が難しい」があった。

デメリットのひとつめ「通信環境」については、いまは確かにそうだが、これはオンライン教育のデメリットというよりは通信技術の問題なので、じきに解決されるだろう。

オンライン教育を受ける側からすれば、以上のようなメリット／デメリットがあることは確かだが、社会の方向性としては、テレワークと同じように「ハイブリッド型」になるのは必然であり、部分的であれ、学校教育にオンラインは導入されていく。それを後押しするのが「学校教育の情報化の推進に関する法律」（通称「教育情報化推進法」）という法律である。そこには以下のような目的が書かれている。

「第1条　この法律は、高度情報通信ネットワーク社会の発展に伴い、学校における情報通信技術の活用により学校教育が直面する課題の解決及び学校教育の一層の充実を図ることが重要となっていることに鑑み、全ての児童生徒がその状況に応じて効果的に教育を受けることができる環境の整備を図るため、学校教育の情報化の推進に関し、基本理念を定め、国、地方公共団体等の責務を明らかにし、及び学校教育の情報化の推進に関する計画の策定その他の必要な事項を定めることにより、学校教育の情報化の推進に関する施策を総合的かつ計画的に推進し、もって次代の社会を担う児童生徒の育成に資することを目的とする」

ポイントはＩＣＴ（情報通信技術）によって、①教育が直面する課題を解決し、②教育の効率化を図り、そのために③環境を整備し、④政府・自治体の責務を明記することである。

そして理念を定めた第3条は次のようにある。「学校教育の情報化の推進は、情報通信技術の特性を生かして、個々の児童生徒の能力、特性等に応じた教育、双方向性のある教育……等が学校の教員による適切な指導を通じて行われることにより、各教科等の指導等において、情報及び情報手段を主体的に選択し、及びこれを活用する能力の体系的な育成その他の知識及び技能の習得等……が効果的に図られるよう行われなければならない」

ポイントは、①能力・特性に応じた教育、②双方向の教育、③情報と情報手段の主体的選択、④情報活用能力の育成である。

そして第3条の2項には「学校教育の情報化の推進は、デジタル教科書その他のデジタル教材を活用した学習その他の情報通信技術を活用した学習とデジタル教材以外の教材を活用した学習、体験学習等とを適切に組み合わせること等により、多様な方法による学習が推進されるよう行われなければならない」とあり、ハイブリッド型を推奨している。

この法律ができたことで、オンライン教育への道は拓かれた。あとはわれわれがそれを受け容れるかどうかである。

## 技術の使い方

コロナ禍が悲しい事実であるのは間違いない。なければよかったことは確かである。しかし起こってしまった以上、対処法として採用したことが、後々にまで役に立つならば、それをコロナ後も活用し続けるのはよいことであろう。そのひとつがオンライン教育だ。

だからこれを機に、教育のあり方を根本から考え直したい。普通の対面で行われる授業風景を想像してみよう。教室内で、生徒は座って同じ方面に顔を向けて、教師だけが反対方向を向いて、立ったまま、ひとりでしゃべっている。この形態は、知識を仕入れる段階までは、有効な教育方法かもしれない。ところで、一方的に知識を植えつける段階はいつまでだろうか。本当なら「高校まで」としたいところだが、悲しいことに、現代では「大学2年生まで」ということになろう。

では、教育の意義は何か。私は「自分で考える力を養うこと」という答えに固執したい。この回答を前提として教育の意義を再考するならば、考える力を養う最善の方法は対話形式である。もちろん前提の知識がなければならないし、現代に近づけば近づくほど、学問の進歩によって学ぶべき知識量は増えるから、知識を仕入れる年齢は高くなる。しかしいつかは対話によって、考える力を育成する時期が来なければならない。

その意味では、現在の学校制度は理にかなっているかもしれない。大学2年生までが教養課程で、3年生からゼミが始まる。自分で学び、自分でまとめて、自分で発表し、みんなで討議するというスタイルである。

コロナ禍で教育方法はどうなったか。先ほど紹介したように、大学におけるオンライン授業で、学生は「質問しづらい」らしい。私はいまは学生を教えていないけれど、かつての経験をふまえると、現代の学生の気質を考慮すれば、学生が質問をしないのは授業形態の問題ではなく、あくまで学生の性格の問題だと思っている。

そしてそれも、彼らが劣るからではない。むしろ学校での「生き残り」という面では、彼らはわれわれの世代よりも優秀である。彼らが質問しないのは、大学に来るまで質問しにくい環境で生きてきた結果でしかない。ただただ一方的に、教員の言いつけに素直に従うことだけで内申点を稼いできた習性であり、それをもって学生たちを責めることはできない。

質問しづらくしたのは教師側の責任でもある。教師が生徒に自信を与えてこなかったからであり、生徒が勇気を出して質問した時「なんでそんなこと訊くの？」という顔をしてきたからである。本来なら「それはいい質問だ！」と褒めてあげるべきだった。

もちろん的外れの質問も多いだろう。しかし、もしその質問が的外れだったならば、「素晴らしい！　素晴らしい！　でも、少ーし欲を言えば、こういう観点から物を捉えるともっといい見方になる」なーんてことを言ってあげられたら、バイタリティ溢れる人材を育てられたのになぁ、とかつて大学で、目の前にいた学生を見ながら、ずっと感じていた。

授業、講義、講演の意義とは何だろうか。学生相手ではなく、私の聴衆は企業研修の聴講生だから少し違うけれど、私は欲張りなので、聴き手の行動を変えるところまで求めたい。社会人向けの、1時間程度の学習会で相手の考えを覆すことは不可能だろう。楽しかった、と喜んでもらうのがせいぜいのところだ。無理な理由はふたつある。

ひとつは器用な話し手は最初から聴衆の「聴きたいこと」を知っているから、その通りに話す。参加者は「聴きたいこと」を聴けて満足して帰るが、「聴きたいこと」は所詮、最初から聴き手のなかにあることなので、講演開始時と終了時の聴き手の頭脳状態に変化はない。

もうひとつは話し手が独善的であること（えっ？　私のこと？）。講演者は自分の専門の話をするが、研究者は四六時中そのことしか考えていないから、相手もその話を知っているものと信じ切っている。聴き手の前提を理解していないので、Bという話をするためにはAについて解説しておかなければならないのに、「Aなんて知っているはず」という思い込みで話を進めてしまう。Aがわからないまま Bの話を延々と聞かされた聴衆は白けたまま帰宅する。

両方の矛盾を解決する方法は対話型にすることだが、教師だけが立って（上から目線で）、反対を向いている非対称的な教室では双方向にすることは無理である。だからコロナ禍でなくても、テクノロジーを用いた対話型は必然的な教育方法だったのではないか。

私は学校ではなく、企業研修ではあるが、1年以上、オンライン学習会を何十回も積み重ねて得たことは、これが教育の未来形だという感触である。もちろん、世間的には「対面」にこだわる風潮は続くだろう。しかしコミュニケーションがオンライン化することで、話し手と聴き手という「非」対称的関係を平たくすることも理解すべきだろう。

確かにまだオンライン学習会でも質問しづらい雰囲気はあるが、オンライン化によってふたつのことが変化している。先ほど挙げたように、チャット機能によって従来型より質問しやすくなった。そして意外に重要なこととして、講演者の「威圧感」が消滅した。場数を踏んで感じたことは、対面の講演では「沈黙は禁」だが（私が間に耐えられず、しゃべり始めてしまう）、オンラインなら「待ち」は不自然でなくなる。それほど非対称であった関係が、一気に平坦化する。

さらに重要なのが、演説的な話し手の「オーラ」である。人間は所詮動物で、話の中身のような「理性」的な面だけでなく、むしろその人が持っている「雰囲気」や聴衆が受ける「感触」によって、講演の評価が決まってしまうことがある。これはこれで講演自体の成否には重要だが、教育的側面では意義が薄い。聴き手が圧倒されて、質問しにくくなるような講演よりは、聴き手が話しやすいオンライン車座形式のほうが、結果的には成果が大きい。

私は1年以上の濃密な経験から、チャットを使った対話に意義があると感じている。「こんなこと質問していいかな」という人は、ダイレクトメッセージを有効活用してくれる（ズームでは私の画面に「プライベート」と表示される）。私個人に来たチャットでは発信者の名前を公表しなければ気軽に質問してくれるし、私も「こういうことを話すべきだったのね」と学ぶことができる。

みんなが（そして講師の私も）自分の家かオフィスから、同じ状態でアクセスしている。同じ状態であることで、みんなが平等になり、私だけが話し手という非対称的関係が解消されて、全員が参加意識を持つことができる。

苦境（コロナ禍）を活用できるかどうかは、人間の知恵、つまり技術の使い方に帰着する。頭のいい人がせっかく開発してくれたのだ。秀逸なテクノロジーをどんどん活用しよう。

＊注1　https://www3.nhk.or.jp/news/html/20201118/k10012718111000.html

＊注2　https://www.koukouseishinbun.jp/articles/-/6481

＊注3　https://www.schoolie-net.jp/column/200727-04.php

# 第14章　コロナ禍の行動規範

## コロナ新段階

　またまた古い話で恐縮だが、私のメモに沿って、2021年4月から5月の3回目の緊急事態宣言の時期に記憶を戻したい。緊急事態宣言下であるにもかかわらず、その中間地点で、感染状況は新しい段階を迎えた。感染力が強く、重症化しやすい変異ウイルスの登場である。いまではイギリス由来の「アルファ型」やインド由来の「デルタ型」という言葉は行き渡っているが、2021年春頃は、まだその猛威の片鱗しか報じられていなかった。

　NHKの「1人ランチでも感染?　変異ウイルスどうしたら……」*注1（NHK NEWS WEB

２０２１年5月12日）という記事では、ある医師の言葉を引用している。「これまでは頻繁に会食をした人など感染対策が十分でなかったと思われる人が陽性になることが多かったのですが、最近では『どこで感染したのか全く心当たりがない』という人の感染が目立ちます」と。そして「例えば、リモートワークで出勤は一切しておらず外出は１人でランチをしにカフェに出かけただけ。店内でも、ほかの客とは距離をとって座っていたのに感染したという人もいたそうです」との説明。だとしたら、私も危ない。

若者の感染も目立っており、「新型コロナ 30代感染者が語る 感染力の強さと症状悪化の不安」[*注2]（NHK NEWS WEB ２０２１年5月13日）という記事では、感染者にインタビューしているが、その患者さんは「同僚とは屋内の喫煙室で一度、５分ほど会話をしただけで、窓も開いていて、換気もされていたということで、男性は『仕事と家の往復だけで、消毒を徹底し、不要不急な外出をしていなくても感染してしまい、驚きとともに恐怖を感じました』と、感染が分かったときの心境を振り返りました」とのこと。

これらよりも少し前だが、三密でなくても集団感染が起こるという報道があった。「『３密』でなくても集団感染のおそれ」[*注3]（NHK NEWS WEB ２０２１年4月30日）という記事で、「屋外での飲食で密閉という条件がないなど、『３密』ではなくても感染が広がったとみられるケースの報告が相次いでいます。感染力が強い変異ウイルスの拡大でさらに広がるおそれもあり、専門家は『2密』『1密』であっても感染すると考え、対策を徹底してほしいと呼びかけています」と警告する。

河原での飲み会のケースでは「調査した保健所によりますと変異ウイルスではなかったものの、多数が集まる『密集』と、近くで会話する『密接』の2つの条件があり、感染が広がったものとみています」と。

「密閉」空間で稽古していた劇団関係者に集団感染が起こった事例では「全員がマスクを着用し、稽古も2メートル以上の間隔を空けて行っていて、『3密』のうち、『密閉』の条件しかありませんでしたが、ほとんどの感染者がほかに接点がなかったことから、保健所は稽古を通じて感染したとみています」という。

記事からは具体的状況は想像するしかないが、稽古によっては息遣いが激しくなることも考えられ、呼吸の際に飛沫がマスクの端から漏れたとすれば、実質的には「密閉」と「密接」（近い距離での会話）と似たような場面と考えてよいだろう。だがマスクを外して話し込んだわけでもないのにクラスターが発生するとの話は衝撃的である。

これら新しい段階に入って、20代、30代で亡くなる人も出てきた。そのひとつの記事は次のように説明しているが、記事の最後に引用された看護師の言葉が印象的だった。「神戸市　新型コロナ　20代女性と30代男性死亡　30代以下は初めて」*注4（NHK NEWS WEB 2021年5月12日）という見出しで、「神戸市は、新型コロナウイルスに感染した20代の女性と30代の男性が亡くなったと発表しました。神戸市で30代以下の患者の死亡が発表されるのは初めてで、市は変異ウイルスの拡大で若い世代の重症化リスクが高まっているとして注意を呼びかけています」と報じたが、30代の男性を担当した看護師は次のように述べている。

「自分のやってることに意味があるのだろうかと思うし、握りしめても握りしめても指の隙間から命がこぼれ出ていく、そんな経験だった。なぜ入院治療が受けられないのか、なぜ死ななければならなかったのかと聞かれても、何も返せない。同じことが繰り返されなければいいと思う」

## 孤独に耐える

ここまでいろいろな記事を引用し、私のコロナ観がそれなりのエビデンスに基づいていることを示そうと努力してきた。自称〝コロナ・オタク〟になってから2年近く、毎日毎日、たくさんの記事を追いかけてきたが、実際に本書のために、これら一連の文章を書き始めてみると、いっぺんに、すべてを思い出すことはできていない。この間、自分のコロナ観を形成した記事、論文、学会報告、政府の提言を無数に読んできたけれど、いくつかは読んだ当時にコピーペーストしてワード文書として残しておいたものの、今回、本格的に執筆に取り組んでいる最中、すべての情報源を掘り起こすことはできなかった。

中身に関しては強烈な印象として心に焼きつけられているものの、その元記事（元動画）を思い出せない、または検索しても見つからないこともあった。そのひとつがニューヨークの状況である。ニューヨークは世界的にも早い段階で修羅場を経験したが、その病院の様子をアメリカのABCテレビが追跡したドキュメンタリーがあった。私は2020年4月頃ユーチューブで見たが、今回、イタリアを扱った別のドキュメンタリーは探せたが、ABCのニューヨーク病院レポートは発見できなかった。

これはニューヨークの病院で奮闘する医師を追ったもので、帰宅の際、家にウイルスを持ち込まないための周到な対策まで細かく映し出し、その後の家族との食事の風景まで捉えていたので、感染を人間ドラマとして描くことに成功していた。

一方、日本はコロナ差別のせいか、医師や看護師が素顔ではカメラの前に出てこないし、インタビューでも匿名のままである。感染状況が人間味とともに報道されていたら、もう少し身近に感じられたのになぁ、と悔やまれる。

これら私のコロナ観を構築してくれた記事のなかで最も深く心に刻まれたもののひとつが、２０２０年５月の伝言板の話である。ただしポイントは伝言板自体ではない。この話は当時、いろいろなところで扱われて、私の知るところでは、朝日新聞（２０２０年５月６日）で「旅行ポスターはがし『伝言板』を復活　24歳駅員の思い」[*注5]、毎日新聞（２０２０年５月８日）で「改札前に復活した伝言板が人気　コロナ禍の中、乗降客が思い思いにチョーク握る」[*注6]、東京新聞（２０２０年５月26日）で「〈新型コロナ〉心つなぐ伝言板復活　ＪＲ東神奈川、駅員手作り」[*注7]という見出しで紹介された。

このうち毎日新聞は記事の冒頭で次のように説明する。「あなたの伝えたい思いを書いてください――。新型コロナウイルスの感染拡大に伴う休校や外出自粛が長引く中、少しでも明るい気持ちになってもらおうと、横浜市神奈川区のＪＲ東神奈川駅に伝言板が設けられている」。

私は最初、このニュースをＮＨＫのサイトで知ったが、私のポイントは伝言板ではない。

この「駅の伝言板 コロナで復活 つづられた〝不自由な生活〟への思い」（NHK NEWS WEB２０２０年6月13日）と題する記事は、上記の各紙と同様に「新型コロナウイルスの影響で外出自粛が続いていましたが、神奈川県の駅では、携帯電話が普及していなかった時代に活躍した『手書きの伝言板』が復活し、不自由な生活で感じた寂しさや苦しさ、励まし合う声などがつづられています」と書き始める。*注8

記事の中ほどでＮＨＫは駅利用者にインタビューする。「伝言板の前でじっとたたずむ女性がいました」と。そして次のように続く。

《「『大変なときにインフラを守ってくれてありがとう』って書かせてもらいました。私は会社員なので在宅勤務ができているんですけど、1か月ぶりに病院に来なくちゃいけなくて、（鉄道を）守ってくれてる人がいるっていうのがありがたいなって思って」

こう話してくれたあと、「ちょっと、もう限界。3か月引きこもっているので。ごめんなさい」。

今の生活は想像以上につらいと、涙ながらに話してくれました》

私はこの部分の印象があまりにも強烈だったから、それで伝言板のことを鮮明に憶えている。私も思わず、もらい泣き、というか、少し涙腺が緩んでしまった。同時に、本当に申し訳ないけれど、「ごめんなさい。それでも、孤独に耐えてください。人の命には代えられません」と言わなければならない。

このエピソードはこの1年半、断続的にフラッシュバックした。行きつけの店で3～4人のグループが談笑しているのを見るたびに、心のなかで「たいへんですけど、独りで行動してください」と叫び続けてきた。

それでもなかなか人が独りになれないエピソードを紹介したい。前項で変異ウイルスについて紹介したが、まさにそんな記事を山のように読み耽っている最中、近親者の家で次のようなことがあった。

私は高齢の近親者の家に数日に一度くらい顔を出すようにしている。年齢は80代後半で、5～6年前に心不全と肺炎で手術や入院をくり返して、やっとここ数年で健康を取り戻した。コロナ以降、人との接触が減ったであろうから激励の意味で頻繁に訪れるようにしているが、私はもちろんマスクを外すことなく、できるだけ数分でお暇するようにしている。マスクをしていても、話せば飛沫はマスクの隙間から漏れるし、もし私の靴下の裏にウイルスがついていたら、それをその近親者の家にばら撒いてしまう。

これだけ私が気をつけているのに、なんと、その肺炎病みの高齢者は自宅に知人を招こうとしていた。そこは賃貸マンションで、6畳の部屋が3つとこぢんまりとしている。もしそこにお客さんが来たら、閉め切った6畳の一室に全員が詰め込まれることになる。私が愕然としたのは、ただでさえ自宅に人を呼んではいけないのに、なんとなんと、そこに3人も来るというのである。その近親者と大人3人、合計4人が6畳に入るのだが、そこは書斎であり、すでに空間の半分以上が物・物・物で占有されている。ということは、もし本当に3人が来たら、4人は顔と顔の距離が1メートル以内で、これまた驚くことに1時間も会話することになる。

もし「マスクをしているから大丈夫」と強弁するなら、マスクから漏れる飛沫について解説してあげたい。先ほど紹介した記事のように、「3密」でなく「2密」や「1密」でもクラスターが発生することをお知らせしたい。私は、本当に、本当に偶然、当日、それら無礼な客が来る前に、その近親者の家に行き、いつもと違ってきれいに片づいているので「おかしい」と思い、たずねてみると、そういうことだった。反射的に「私は絶対にそんなことは認めない！」と叫んだ。

ここで小休止。というのも、ここが分かれ目だと思うから。つまりこの場面で私のように怒り狂うか、それとも「これの何が悪いの？」と平然と見過ごせるかの違いだ。その無礼な訪問者は、近親者が数年前に虚血性心不全（狭心症）で手術をしたことを知っている。さらにその後、肺炎で数回入院したことも知っているはずだ。それでもその人を含めて、この高齢者の家に3人で訪れようとした人をどう見るのか。私はそれを一度は受け入れようとした近親者に対しては、怒りというよりは呆れるという気持ちのほうが強い。しかし訪問者のほうには、押し留めることが困難なほどの怒りを感じている。

なぜダメなのか。問題は、この3人の訪問者の全員がウイルスを持っていなければ、禁止する必要などないことである。しかしやはり問題は、それはだれも知らないことである。確認すれば、ある人がウイルスを持っている人と濃厚接触したとしよう。ここでウイルスを受け取ってしまったとしても、発症するまでに5～6日かかる。

しかしウイルスをのどに含み込んでしまった瞬間から、ウイルスは人間の細胞を材料に、自分の遺伝子をどんどんコピーしていく。それまで人間の身体の一部だった細胞にウイルスの遺伝子が転写されることで、その細胞がウイルスに変身してしまうのである。そしてウイルスをもらってから2日目に、ウイルス量は最大になる。しかし発症まではまだ3～4日あるから、本人は気づかない。そして気づかないまま、別のだれかと濃厚接触して、そのウイルスを別の人に渡してしまう。

6畳の狭い部屋に3人押しかけて4人で話をする。半分以上は物で占められているので、さらに狭まった1メートル四方の空間に大人が4人、顔を突き合わせる。マスクをしていても話せば、マスクの隙間から飛沫は漏れる。先ほど紹介した舞台稽古でのクラスターの話を思い起こしていただきたい。1時間の会合を予定していたというから、マスク着用でも、充分「濃厚接触」に相当する。

私はそれを聞いた時、「絶対に認めない!」とくり返し、せめて近くのホテルのラウンジを使えと命じた。せめて訪問者は2人にして、合計3人以下で会合すべきである。

緊急事態宣言下では、会合自体を止めるべきだと思うが、どうしても、と言うなら、訪問者は1人で合計2人まで。それも広いテーブルに斜め向かいに座るなら、不承不承、認めてもいい。訪問者2人に迎えるほう1人の合計3人は禁止したいが、ここまでなら、仕方なく見て見ぬふりはできる。迎える側に対して、訪問者2人が正面と斜め向かいになるからである。

しかし訪問者3人は絶対に、絶対に、何があってもダメ。というのも4人になれば、話し手の隣りに人が来ることになるが、そうすると横どうしで話す場面が出てくる。横の人に向かう飛沫は、向かいに座る人に行く飛沫の5倍であることは、すでに2章で紹介した。*注9

私に言わせれば、3人のゲストを迎える肺炎病みの高齢者は自殺行為をしているとしか思えない。

## コロナ禍における倫理の感覚

こういう愚かな行為が日常茶飯事で、それで感染者が減らず、そして感染者が減らないことを政府の責任にしているとしたら、私は言いたい。「そういうあなた方が間違っている！」と。そう、肺炎病みの高齢者が6畳の閉め切った自室に3人の大人を迎え入れることは、端的に間違っている。こういう行為を「間違い」と怒れるかどうかが、コロナ禍を生き抜く行動規範の根底にあるべきだ。それは他人に向かうと同時に、自分にも向かう。自分に向かえば、危険な場面を避けるから、それをみんなが実行すれば、ウイルスは2週間も経てば、すべてトイレに流れていく。それが最善のシナリオだ。

コロナの問題が政治の領域で議論され、対応されていることが悲劇の源である。本来なら、ひとりひとりが最善のシナリオを実行すれば、こんな大惨事にはならなかった。そしてそれがむずかしい、というよりも不可能だから、飲食店や商業施設が休業しなければならず、経済を疲弊させ、たくさんの所得を減らして、多くの職を失わせた。これはひとりひとりの愚かさが原因である。マスクを外して酔った勢いで大声で叫ぶから感染が拡大し、それで、まさにその人たちが依存していた飲食店を潰している。

これは政治問題ではない。ひとりひとりの行動規範の問題である。みずからの行動規範を顧みて、戒めて自省する行為を〈倫理〉と名づけるならば、10章で述べたように、いまは〈倫理〉が破綻した状態である。そして〈倫理〉が破綻した状況下で医療崩壊を防ぐために、政府が強権を発動しようとしている。愚民がわざわざ自由を放棄して、不要な権力を国家に与えようとしている。

このように考察していくと、倫理（以下〈 〉なしだが、すべて「みずからの行動規範」の意）の基礎にあるのは、実は理性ではなく、感情ではないかと思えてくる。その怒りを正当化して、他人に説明するために理屈は必要だが、根源それ自体はエモーショナルなものではないだろうか。怒りを怒りのままぶつけたら、だれも動かないし、納得しないから、他人が把握できる形態としては、倫理は理性的なものになる。

しかしある人が最初に感じる倫理は感情である。その怒りを他人に説明して、行動を変えてもらうためには、冷静になって「なぜそうでなければならないのか」を丁寧に説明しなければならない。怒りをぶつけただけでは相手は反発するから、反発を引き起こさないように、冷静に、沈着に、理路整然と、理由を述べなければならない。だから感情に基づいているとしても、倫理の具体的形態は理性である。日本語では「理由」と「理性」は別の言葉だが、英語ではどちらも「reason」だから、英語的に言えば、倫理は「reason」だ。日本語に言い換えるならば、倫理は理由を与えることであり、理性的でなければならない。

コロナの場合「理由」に当たるのがウイルスの知識であり、「どうしてそうでなければならないのか」という理由を説明する際の態度が「理性」である。この「理性」は、個々の知識をつなげる論理のこと。そしてその知識と論理の根底に、だれもが否定できない共通了解がある。「人の命」だ。

問題は、パーセンテージで見ると、感染と「人の命」が直線で結びつかないこと。身近に感染者がいないから、ウイルスの怖さが理解できず、だからウイルスと死が同じ平面に位置づけられていない。ふたつが別次元にあるかぎり、「人の命を救うために、人との接触を減らす」という関係性が頭のなかに定着しないから、これらを結びつける触媒として「感情」が必要になる。

ウイルスと死を直接的に結びつけるには「個人化」と「シナリオ」が不可欠だ。「個人化」とは自分のこととして捉えること。この場合は、感染で「自分が」または「家族が」重症化するか、死ぬかということ。「シナリオ」は、感染から重症化または死に向かう具体的な経路が鮮明に想い浮かぶかどうか。これらふたつともが、とてもむずかしい。

というのも、くり返すが、パーセンテージでは「自分が」感染する確率は凄く小さいので、「自分が」感染するかもしれないから「自分が」気をつけるという動機を持ちにくい。そして「自分が」こういう場面で感染しやすいから「そういう場面を避けよう」という想定しやすいシナリオが描きにくいため（「自分」の感染リスクが低いから）、「感染→死」という流れを「自分のこと」として受け止められない。ゆえに感染対策を怠る。

ところが、ここまで「人間は愚か」という論理を積み重ねておいて、自分でひっくり返すならば、人間は意外に普遍化した原理に基づいて行動するのではないか。いまの政府は「若者でも重症化したり、後遺症が残る」という理屈で攻める。「あなたにもリスクがあるから気をつけなさい」と。しかし大半の若者はマスクなし徹夜飲み会をしても感染していないから、「大丈夫じゃん」と思う。

そうではなく、どう行動することが「正しい」ことで、どう行動することが「間違っている」のかという普遍化した立場から語るのも、一つの手ではないか。「あなたを見過ごしたら、ほかのみんなも見過ごさなければならない。というのも、あなただけを特別扱いする論拠を見つけられないから（見つけられるなら、言ってごらん）」ゆえに、みんなとの平等性・公平性の観点から「マスクなし飲み会はやめて欲しい」と。

「あなたにもリスクがある」というのは損か得かの理屈だ。むしろ「正しい」か「間違っている」かという視点を持つべきだろう。そして「正しい」「間違っている」は表面上は理性や論理の世界に属するが、根底には間違っている物事に対する憤りという感情がある。この感情を刺激する方法が思いつけば、コロナ論議をまともな方向に持っていけるかもしれない。

所詮、哲学書しか読まない世捨て人の戯言である。人に「倫理の感覚」なんてものがあると本気で信じているのだから。でも「あなたにリスクがある」という理屈が破綻していることは確かだ。感染の確率が低いから「自分」と「感染」が直線で結びつかず、「自分が重症化する」という因果的なシナリオが思い浮かばない。ならば、一か八か、倫理的な本性に訴える方法を試してもいいのではないか。

＊注1　https://www3.nhk.or.jp/news/html/20210512/k10013025561000.html?utm_int=news_

contents_netnewsup_001

＊注2　https://www3.nhk.or.jp/news/html/20210513/k10013029001000.html

＊注3　https://www3.nhk.or.jp/news/html/20210430/k10013006461000.html

＊注4　https://www3.nhk.or.jp/news/html/20210512/k10013026981000.html

＊注5　https://www.asahi.com/articles/ASN5601BZN54ULOB00K.html

＊注6　https://mainichi.jp/articles/20200507/k00/00m/040/216000c

＊注7　https://www.tokyo-np.co.jp/article/16632

＊注8　https://www3.nhk.or.jp/news/html/20200613/k10012469781000.html

＊注9　https://www.asahi.com/articles/ASNBF6FD3NBFPLBJ002.html

# 第15章　自分探しの旅

## コロナ禍の自殺

これまで専門外の私が理解した新型コロナウイルス（COVID-19）の知識、とくに感染の仕方、感染経路、そしてコロナ禍の生活、とくにその諸影響について見てきた。大半がネガティブな話だったが、音楽（新しいリアル）、テレワーク、ＩＣＴ（情報通信技術）による新しい教育のあり方については、コロナをきっかけによい方向に進んでいくことが期待される。

ここまで避けてきた最も深刻な話題のひとつが自殺である（最も深刻なことには、ほかに感染による病死そのものがある）。いろいろと引用することで、現状を整理したい。日本経済新聞（2021年1月22日）は「20年の自殺者2万919人　11年ぶり増加、コロナ影響か」[*注1]という見出しで、「警察庁と厚生労働省は22日、2020年の自殺者数は前年比750人増（3・7％増）の2万919人（速報値）だったと発表した。これまで10年連続で減少していたが、リーマンショック直後の09年以来11年ぶりに増加に転じた。女性や若年層の増加が目立ち、新型コロナウイルスの感染拡大に伴う外出自粛や生活環境の変化が影響した恐れがある」と解説する。

男性は減ったものの、女性が増えており、年代別では40歳代が一番多く、増え方としては20歳代が17％増で最も高く、次に19歳以下の未成年の14％増だった。小中高校生の自殺者は1980年以降で最も多かったという。1回目の緊急事態宣言を含む2020年4〜5月の自殺者は前年以下だったが、2020年下半期は増加して、とくに10月が一番多かったとのことである。

引用のように、この数字は「速報値」で、2021年3月に「確定値」が発表された。日本経済新聞（2021年3月16日）は「警察庁と厚生労働省が16日に発表した2020年の自殺者数（確定値）はリーマンショック後の09年以来、11年ぶりに増加した。女性や若年層の自殺が増えている。新型コロナウイルスの感染拡大を背景に、経済的な苦境に追い込まれたり、孤立に陥ったりする人が増えているとみられる」[*注2]と説明する。

数字に大きな変化はないので理由について引用すると、「遺書や遺族らへの聞き取りをもとに自殺の動機を分析したところ、『健康問題』が全体の48・4％、『経済・生活問題』が15・3％、『家庭問題』が14・8％だった」。

相談窓口を開設したNPOの代表によると「『コロナの影響による雇用環境の悪化が自殺の増加に影響した可能性がある』とみる。『コロナで職を失った』『パート先を解雇された』など、非正規雇用の若い女性からの相談が目立つという」。

日本経済新聞は「20年はコロナ禍で日常生活が一変した。政府は、他人との接点が少なくなって孤独を感じたり、社会的、経済的に孤立したりする人が増えたことが自殺者増の要因の一つになっているとみて対策強化に乗り出している」と続ける。

ひとつめの記事で２０２０年10月に自殺が急増したと書いてあったが、これについて厚生労働省が分析している。厚生労働大臣指定法人「いのち支える自殺対策推進センター（ＪＳＣＰ）」の代表理事が「コロナ禍における自殺の動向――10月の自殺急増の背景について」というレポートを提出している。[*注3]

このなかで２０２０年10月に自殺が急増した理由として「新型コロナの影響により、社会全体の自殺リスクが高まっていること（自殺の要因となり得る、雇用、暮らし、人間関係等の問題が悪化していること）」と「相次ぐ有名人の自殺および自殺報道が大きく影響した可能性（ウェルテル効果の可能性）」を挙げている。

「新型コロナの影響で様々な悩みや生活上の問題を抱え、あるいは元々自殺念慮を抱えながらも、『どうにか生きることに留まっていた人たち（4～5月に自殺行動に至らなかった人たちを含む）』に対して、相次ぐ有名人の自殺および自殺報道が多くの人を自殺の方向に後押ししてしまった可能性がある」とのことである。4～5月の自殺者が前年より少なかったことは、上記の日本経済新聞が指摘している。

ちなみに「ウェルテル効果」とは「マスコミの自殺報道に影響されて自殺が増える事象」で、ゲーテの『若きウェルテルの悩み』から来ているそうである。

これらの現象を掘り下げたものはないかとネット検索していたら、医学書院の『医学界新聞』に「コロナ禍の自殺問題――今こそ、医療者に求められる視点とは」（週刊医学界新聞、2021年4月5日）と題する対談記事*注4を見つけた。対談者は先に紹介した厚生労働大臣指定法人「いのち支える自殺対策推進センター」の別の方（センター長）と「国立精神・神経医療研究センター 精神保健研究所」の所長である。

冒頭「コロナ禍のメンタルヘルス問題は通常の大規模自然災害と異なる点」に言及し、その違いとして「社会不安の増大と雇用環境の悪化」を挙げ、「感染への不安と経済的困窮がメンタルヘルス上の大きなリスクファクターになり得ます」と指摘し、「２００８年のリーマンショックは失業や職業的アイデンティティが崩れた影響によるメンタルヘルスの影響が課題となりました。COVID-19は一部の人々の心理的・社会的結びつきを脆弱なものにした上に、雇用環境の悪化をもたらしている。それによってメンタルヘルス上のハンディを抱えていた人々の心理的負担が増大し、最悪の場合自殺に至ってしまうと考えられます。過去にない影響の広がり方と深刻さに強い危機感を持っています」と概括している。

緊急事態宣言を含む２０２０年４～５月には、自殺者は前年以下だった。両対談者はそれぞれ「この時期、完全失業率が増加したにもかかわらず自殺者数が減少した理由に、社会的不安の増大と社会的努力の可視化が影響した」という見方と、「大規模災害の直後、社会的不安が急激に増大すると一時的にストレスが減じ、自殺者が減少するとされます。阪神・淡路大震災や東日本大震災でも発災直後に同様の現象が認められました。コロナ禍の今回も同様の現象が見られた」という視点を提示している。

女性の自殺者が増えたことについて、片方の対談者からの「女性の自殺の背景には一般に、雇用の問題の他、家庭内暴力（ＤＶ）被害や、育児・介護の悩みなどさまざまな問題が関連します。コロナ禍の雇用環境の悪化も男女差が見られますか」という質問に対し、相手方は「２０２０年４月には、非正規雇用の女性約１０８万人が職を失っています。コロナ禍の雇用への影響は女性に顕著に表れました。そして、女性の非正規雇用労働者数が減少した時期に遅れて自殺者数が増加している。この強い相関も明らかになっています」と解説する。

「非正規雇用者の解雇と女性の自殺、両者の関連を念頭に置いた対策が必要になるでしょう。女性の自殺者数の増加は、有名人の自殺報道の影響もあったとみてよいでしょうか」との問いかけには、「7月下旬の男性俳優の自殺によるウェルテル効果は1週間、9月下旬の女優の自殺報道後は1～3週間程度、統計学的に有意な増加が認められました」と答えている。

２０２０年10月に自殺者が急増した要因としては「10月に増加した自殺者数に占める女性の割合も高く出ています。ウェルテル効果には不況や雇用環境の悪化といった背景要因効果（background effect）があり、雇用問題で自殺のハイリスク集団となった女性が、有名人の自殺報道にさらされたことで自殺が誘発されたと考えられます」と分析している。

このように見ていくと、自殺を引き起こす原因は複雑である。不安が起点だが（今回の場合は感染の恐怖）、これに雇用環境の悪化が加わると自殺傾向が高まり、さらに女性の場合はＤＶや育児など家庭の事情が重なる。そして自殺に追い込む最後の要因が有名人の自殺による「ウェルテル効果」と図式化できるだろう。おそらく背景には孤独という悩みを増幅する下地があるような気がする。

## コロナ禍を契機とした自省

感染対策は孤独を求める。人間は社会的動物であり、群れる習性がある。「群れる」は12章で述べたように、ネガティブな意味ではない。むしろ人と接して集団を形成し、働きかけ合って、ひとりではできないことを共につくりあげていくという点では、「群れる」ことは人間にとって不可欠であるから、ポジティブに捉えられるべきであろう。

人間は群れることで、ひとりではできないことを実現するから、本性として群れる傾向にある。というより、群れる人のほうが社会で成功していると言ってもいい。その点、私は敗者だ。ただし平時では不利に働いた性格が、非常時にはプラスになることもある。自殺報道と分析を精読したいま、改めてこの1年半の自分を振り返ってみたい。

自分の人生で自殺を考えたことはあるか、と質問されたら、「わからない」としか答えようがない。若い頃はいろいろなことを考え、悩んできたからである。この年齢になったら、もう当時の心境を憶えていない。だから上記で紹介した報道と分析については、切実な課題として取り組むべきだとは思うが、個人的に自分も似たような状況だったかと顧みると、「そうではなかった」となる。

辛かったかと訊かれても、深層心理に押し込めていただけかもしれないから、自信をもって「そうだ」と言い切れるかどうかはわからないが、意識にのぼる表層的な面だけで考えれば、「まったく辛いとも思わなかった」。これは生来、人とのつき合いが得意でなく、ひとりで居るほうが気楽という奇妙な性格によるもので、「これが自分だ」と片づけるしかない。

というよりも、自殺の話をこんなにしておいて、こんな言い方をするのは不謹慎だということは承知しているが、私は「コロナによって蘇った」とまで思っている。そもそもが、それほど忙しい生活でないから、自分について考える時間はあった。しかし外出して人と会う機会が減り、一時的に金銭的なロスがあり、行きつけのカフェには通い続けたが、基本的に外出しなければ、私の意識は自然に内へと向かう。

要するに、私にとってコロナは自分を振り返るきっかけになり、それまでの数十年間の積み残しを一部とはいえ整理する貴重な機会になった。

現実世界の話をすると、私は些少とはいえ、執筆と講演で収入を得ていた。フリーで知名度はないから、まったく豊かではないが、ひどく貧乏というわけでもない。生活水準を落とせば、それなりに生き抜いていける所得だった。コロナ禍でも書くことはできるが、講演はなくなる。2020年2月を最後に、いっさい話が来なくなった。それまで講演テーマはICT（情報通信技術）の話と、政治の話が半々だったが、一時は両方とも依頼が消えた。

2020年9月にICT関連の講演（リモート学習会）が戻ってきたので、収入は安定したが、それまでの半年は早朝の散歩と行きつけのカフェ以外はまったく外に出ず、ただただ家で読書して、たまに文章を書いていた。ただし、行きつけのカフェも4～5月初旬は1か月以上閉めていたので、この間はゴーストタウンと化した街を、マスクをつけながらウォーキングすることだけが唯一の外出であった。

日々、同じことをくり返し、五感に訴えてくる風景にまったく変化がないと、私の場合は意識のベクトルは自分の内部へ向かう。それは講演がなくなるという外的世界からの影響も含んでいる。私はいままでの人生「どう生きる〝べき〟か」という問いに固執していた。「立派な人間にならなければならない〟。そのためには自分の使命を果たさ〝なければならない〟。だから、すべきことをし〝なければならない〟」と。

コロナによってこれが完全に覆ったというわけではないが、「どう生きたいのか」という問いも加わった。私には自殺願望はなかったが、感染拡大による閉塞感のなか、自殺報道を見続けて、「死ぬなら生きよう」「死を最低ラインと捉えるならば、『どう生きる〝べき〟か』という硬い態度は捨てて、『どう生きたいか』でいいではないか。死ぬよりは生きるほうがいいのだから」と。

そう思うと気が楽になる。「使命を果たす人生」のほうが「生きたい人生」より上だが、「生きたい人生」のほうが「死」より上だ。平時なら「使命」を優先すべきだが、「死」についての報道を見るにつけ、「死ぬよりは楽しく生きたほうがいい」と思うようになる。

私の学歴から、多くの人は私を「政治の人間」と見る。自分も大学院に進む際、政治学専攻を選んだのだから、政治の世界で生きていくつもりであった。学部は文学部で、いまは消滅したが「人間科学専攻」に所属していた。それは科学哲学・社会学・社会心理学・文化人類学を包摂した、新領域を開拓したいという運動であった。私は科学哲学に没頭し、その勉強を続けたかったが、大学院に人間科学専攻はない。ゼミの先生につくならば社会学研究科になるが、問題がふたつあった。ひとつは第二外国語を疎かにしていた。もうひとつは「やりたいこと」と「やるべきこと」に引き裂かれていた。

ほんの最近まで、コロナ禍の始まる2020年の初め頃まで、私は「役に立つ」学問と「役に立たない」学問の真ん中で、どっちつかずの不安定な位置にいた。「役に立つ」の厳密な定義は別にして、社会に資する学問か、暇つぶしにしかならず、それを追求しても人びとの暮らしを改善することのない学問か、という分裂である。前者が「政治」で、後者が「哲学」だ。

大学院に入る際、社会学研究科ならドイツ語を勉強し直さなければならない。しかしそのために文学部哲学科の原書購読の授業に出たら、なんと出席者は4人。いきなり予告もなく、私に「訳せ」と。予習せず出たものだから、沈黙していると、別の人が訳し始めてくれた。しかしそれが終わると「二度と来るな！」と教員に怒鳴られてしまった。これで社会学研究科への進学は断念。

しかし「拾う神あり」で、私が進学する年度から、法学研究科は第二外国語が必修でなくなった。少しは英語はできたから、英語と専門科目（政治理論と日本政治史）で高得点を得られ、晴れて合格。

同時に、これで「役に立たない」学問から「役に立つ」学問に移行できた。政治は世の中を善くする営みだから、それを勉強すれば社会の役に立てる、と。以来、自分でも、他人にも、私は「政治の人間」になった。

幸運なことに博士課程までは行けたが、博士論文を提出することなく（本は出したけど）、単位取得退学後の行先を見つけられずにいると、偶然、留学できることになった。それまでの専門とは関係なく、ゼロからの出発だったので、迷わず哲学部を探した。「自分は政治の人間。一生、役に立つことをしなければならない。だから数年は『役に立たない』哲学をやっても許されるだろう。必ず戻ってくるから」と言い聞かせて、哲学ではイギリスで第2位というくらい高名なユニバーシティ・カレッジ・ロンドンに受け入れてもらった（1位は伝統的に哲学が強いオックスフォード）。

しかし最初からへこたれる。単純に、英語が理解できない。いまになって思えば、発音が聞き取れない上に、英米の哲学（分析哲学）に関しては素人だったから中身もわからず、二重苦だった。わからないまま無益に2年間過ごして、学位など何も形にできないまま出てしまう。イギリスは狡猾で、外国人には国内人の3倍の学費を請求する。1年間150万円、2年で300万が消え、貯金が尽きた。

これで「役に立つ」学問である政治に戻り、それから22年間も自分を偽り続けた。いつからか政治は食うための手段として自分の生活に不可欠な存在になり、自分でも政治の世界で一生過ごすものと言い聞かせてきた。しかしきっかけは政治講演がなくなり、食う手段でなくなったことだった。政治で食えるわけでなければ、「なんでやっているの?」という問いが自然にわく。

食えない、まだ身近には感じていないけど「死」がつきまとう、自分が感染するという恐怖はないとはいえ、閉塞感から世間の雰囲気は重苦しい。「生きる」という最低ラインに立って、みずからを顧みて、これからの人生をどう生きるのかと自分に問いかけると、返ってくる答えは「政治は好きではない」。そう、私は政治に興味がなかったのだ。「嫌い」というほど大きな存在だとも思わない。ただ気が弱いから、政治について人に期待されると、その期待に応えたい、というよりも応えなければならない、と思ってしまい、それが20年以上積み重なり、自分を偽ってきた。単純に「関心がない」だけだった。

最後の雄叫びが2020年春のロックダウンを正当化するための政治哲学的な考察だった（本書10章）。もうこの時点で現実政治、私の言うところの「政局」には興味がなくなっていた。しかし「役に立たねば」という偽りの執念が民主主義理論に向かう。「民主主義下でロックダウンは哲学的に正当化できるのか」という問いである。そして何も見つけられないまま、この問いにも興味をなくし、秋までに文献をすべて捨てた。

ここから「自分は哲学だ」の第一段階だが、まだ紆余曲折。自分が仕事としていることに「役立つ」なら、哲学を勉強してもよい、というところまで進む。ICTについて学習会の講師をしているから、情報化の哲学的考察ならば許されるだろう。しかしあまりにもマイナーな学問だから、エキサイティングでも、チャレンジングでもない。売れない本だから高価なのに、2回ずつ読んだだけで、電子書籍から削除してしまう。そして2020年秋に、長年の懸案だったヘーゲル『精神の現象学』に取り組む。

これまでの人生で邦訳は何回か読んでいたが、身についたという感じがしてなかったので、どうせ仕事がなく暇ならば、と英語版に挑戦する。そこから2か月、それしか読まなかった。結果として、ヘーゲルは自分向きでないということがやっとわかり、これもキンドルから削除。もう私のタブレットに読む物はない。ここまですべてを捨て去ると、残るものは、心から湧き上がる情熱のみ。

私が本当に探究したいことは何だったのか。「自分が外の世界を知るって、どういうことだろう」――この単純な問いこそ、私が追い求めてきたものである。この問いにダイレクトに答えてくれる本はないだろう。過度な期待はせず、役に立たない本を楽しんで読もう、そんな気持ちにまで辿り着くと、重荷がとれて、生きる意欲がわいてきた。

学歴は一生つきまとうが、心のなかでは、私はもう政治の人間ではない。私にとって政治は終わった。そう思うと、コロナ以外のニュースに関心がなくなる。日本だけでなく、アメリカやイギリスの政治を這うように追跡してきた人生とはお別れだ。

しかしこれは数年前から周囲に働きかけてきたことで、コロナで加速されただけでもある。講演はせいぜい1時間しゃべるだけだから、自分を偽れる。おカネにもなるし。しかし私にとって書くことは人生である。書くことが好きだ。だから政治については書きたくない。そんなものに「書く」という私にとって神聖な行為を汚されたくない。

だから数年前から、わがままを言って、担当している連載をすべて政治以外のテーマにしてもらった。ひとつはＩＣＴについて、もうひとつは人工知能の哲学について、さらに別のところでは、情報通信の真面目な政策学的考察について。学習会もＩＣＴ関連しか来ないから、コロナでこの流れが完全に定着した。

不謹慎だが、私はコロナ禍を、自分を振り返る機会として活用して欲しいと思ってきた。自殺という悲しいニュースに触れるたびに、なんとかできなかったのか、と悲しむとともに、生きてさえいれば、嫌いな過去を捨てることもできたのに、と悔やまれる。

私にとってコロナ禍の2年近くは「自分探しの旅」だった。そして結論は「たぶん、このままではないだろう」。それまでの自分の欠点は「これを（たとえば政治を）永遠に続けるぞ」と思い込むことだった。いまは「自分は気まぐれだから、すぐに変わる」と肩から力を抜くことにした。来年のいま頃、また政治哲学の本を読んでいるかもしれない。でも、もう日米英のニュースを見なくなって2年以上になるから、現実の政治つまり「政局」に戻ることはないだろう。そう思えただけでも、私にとってコロナは転機であった。これからは自分に正直に生きていくつもりだ。

＊注1　https://www.nikkei.com/article/DGXZQODG05BX30V00C21A1000000/
＊注2　https://www.nikkei.com/article/DGXZQODG141IM0U1A310C2000000/
＊注3　https://www.mhlw.go.jp/content/12201000/000707293.pdf

＊注4　https://www.igaku-shoin.co.jp/paper/archive/y2021/3415_01

# 第16章　エリートと大衆

## 実名の体験記

哲学という「超時間的」学問に携わっていると、文章の「古さ」にはこだわらない。もちろんプラトン、デカルト、カントを21世紀に読めば、古めかしさを感じるが、中身は普遍的である。私はいままで著書としては、ほとんどが哲学という普遍的なテーマで書いてきたので、文章のなかに具体的な日付が入ることはなかった。

1章で書いたように、今回、ひとつは個人的な関心から、もうひとつは学問的な関心から、新型コロナウイルスについて調べてきた。感染症の専門家ではないから、まずはマスコミ情報に頼る。そしてそこから思考が湧き出てくる場合には、その記事のＵＲＬか、記事の中身をコピーペーストしてワード文書で保存するようにしていた。

だから前章までに引用してきた記事には、特定の日付が付されている。しかし、これは哲学において引用元を注に記すのと同じで、証拠に基づいていることを示すためである。採り上げたニュースには特定の日付がつけられてはいるものの、同じテーマを別の日に書いたら、似たようなその日のニュースを事例にするだけで、お伝えしたい内容に変わりはなかった。特定の記事を用いたとはいえ、そこで扱ったテーマはいつでも起こり得る普遍的な話であった。

しかし、2021年夏以降、コロナ関連のニュースが減ってきた気がする。ほかのニュースが増えてきたという面もあるかもしれないが、目新しい出来事が少なくなったのが大きな要因ではないだろうか。コロナそれ自体の解明はある程度進んで、対策もわかってきた。あとはやるのみだが、やっている人はやっているが、やっていない人はやっていないので、これ以上、伝えることがないということかもしれない。

結局、コロナの運び屋になってしまう若者の人流をいかに止めるかがカギだが、まさにその若者にメッセージが伝わっていない。若者にメッセージが伝わらないことについて、「〝届かない〟若者へ　尾身会長×りんたろー。が語る新型コロナ」*注1には学ぶことが多かった。「なるほど」と思ったのが、「これだけニュースでやってても、緊急事態宣言が出てるのか出てないのか知らない子も多いですね」という発言であった。1億人いて、みんなが同じメディアから情報を得ていないことはとても健全だが、それが今回はネガティブに働いている。

となると、ひとつの方法は、実際に使われているが、「若者でも重症化する」という脅し戦略である（14章で書いたように、私はあまり効果がないと思うけど……）。NHKの「特設サイト　新型コロナウイルス」に「まさか私が……　新型コロナ　当事者の証言」[*注2]というページがあり、そこに次々と紹介されている。とくに目立つのが若者と、さらには実名でインタビューに応じることで意識を高めようという人が現れたことである。

「『感染して初めて恐怖を……　緊張感薄れてた』　渋谷　20代女性」[*注3]では「コロナはひと事。自分はかからないと思っていました」という証言から始まり、「感染して初めて、自分だけでなく、大切な家族もコロナで失うかもしれないという恐怖を味わうことになりました。自分の大切な人のことを考えながら、みんながコロナと正しく向き合い、一人一人が行動を変えていかないといけない」というメッセージで締めくくられる。

「30代感染者が語る　感染力の強さと症状悪化の不安」[*注4]は「仕事と家の往復だけで、消毒を徹底し、不要不急な外出をしていなくても感染してしまい、驚きとともに恐怖を感じました」という。

「『コロナに感染したときへの備えが不足していた』 40代 神奈川[*注5]」は「コロナに対する知識が圧倒的に不足していた／コロナは本当に突然にかかる／『あすはわが身』だからこそ、どういう準備が必要なのかを考えておくことが大事だと思った」という話を実名で披露している。

「コンペ後の会食で半数が感染 『私の体験と反省を反面教師に』[*注6]」も実名で登場することで注意を喚起したいとのことであった。「第4波のいま感染していたら、本当に命を落としていたかもしれません」という本人の言葉の後に「みずからの体験と反省を『反面教師』として感染防止に役立ててもらい、医療従事者の助けになりたいと、実名で証言しました」という説明がつく。

「皆と仲間で会いたいという欲望に勝てなかった。自分たちに限っては大丈夫と考えてしまった。いつものお店を使ってあげようという思いもありました」の後に発症し、「この時期、兵庫県では感染が確認された人はすぐに入院や宿泊療養することになっていたので、私もすぐに病院で治療を受けることができました。入院先が見つからない待機者がいる今と比べると、恵まれていました」とのことである。

3章で私の個人的体験談を書いたが、そこから連想してみて、私はこの人を責めることはできない。「楽しみたい」という気持ちがあったことは否定できないし、誘われた人たちも喜んでいたかもしれないし、または「つき合い」だからと消極的だったかもしれないが、いずれにしても断るのはむずかしい。「断れない」というだけで私は感染していたかもしれなかった。

反対に、その場に感染者がいなければ、この人は感染していなかった。偶然の不運を本人だけの責任にすることはできない。だからこそ「みんな」が〝自粛〟しなければならない。例外なく。というのも、だれかを例外にしたら、別の人も例外にしなければならない。ある人を例外にするなら、ほかの全員が納得する論拠が必要だ。なければ、全員が我慢しなければならない。

この方は最後にこう証言している。「ＩＣＵで治療中は呼吸が止まるのではと苦しさと恐怖で眠れない夜もありました。あの時、会食したことをとても後悔しています。絶対、自分は大丈夫ってことはないので。すごい迷惑をかけてしまう病気なので周りのことを考えて注意していただければなと思います」

一方、感染させてしまったほうにも負い目はあるだろうが、私はこちら側についても責めることはできないと思っている。私が出席した夜の会食で「マスクを取りましょう」と言った相手が(3章で語った話)、仮にあの時、ウイルスを持っていて、私がそのあとで発症しても(感染しなかったから言えるのだが)、その人のせいではないと思う(もちろん、私がその時、感染して、仮にその後、重症化していたら、その人と感染以前の関係に戻れるかどうかは自信ないけれど……)。

蒸し返すようで申し訳ないが、羽田雄一郎さんの話は壮絶だった。NHKの特集「その4日間に何が……国会議員の急すぎる死[*注7]」(NHK NEW WEB 2021年7月7日)である。2020年12月27日に53歳の参議院議員、羽田雄一郎さんが新型コロナウイルスに感染して亡くなったが、この話は政界だけでなく、一般にも衝撃的だった。

この特集記事を読んで、当時も、そして今回も、その唐突さに驚いている。12月24日発症し、3日後に亡くなったが、発症してから熱は38度6分から36度6分を乱高下する。その間、羽田さんは一般の人と同じように、自分でPCR検査を受けられる病院を探したが、見つけられなかったという。

亡くなった日(12月27日)の朝は36度1分、だれでもひと安心といったところだろう。

午後にPCR検査を受けられることになっていた。しかし秘書さんが迎えに行くまでの3時間で容態が急変する。実際に目の前に現れた羽田さんについて、秘書さんは「それまでとは天と地の差ですよね。呼吸は荒く、もうふらふら。まっすぐ歩けなかったですからね。最初はなかなか現実についていけませんでした」と証言する。車に乗ってからも反応はなく、羽田さんの最後の言葉は「俺、肺炎になっちゃったのかな」だったとのこと。

私はこういうニュースを読むと、普通の人とは違うところに反応してしまう。14章で扱った伝言板でも、インタビューされた人のリアクションに心が囚われてしまった。ここでも、たいていは読み飛ばされるところで気持ちが奪われてしまった。時間的に前後するが、発症日（12月24日）の出来事である。

「発症の日。

羽田氏は、午前中、自宅で過ごしていた。

昼前、数日前に面会し、会話を交わした知人から羽田氏のもとに電話が入る。

『私はPCR検査で陽性がわかったので、羽田さんも気をつけて欲しい』

知人の感染が判明し、羽田氏にも接触者として注意を呼びかける連絡だった。

この時点で、羽田氏の体調に変化はなかったが、念のため、以後の予定をすべてキャンセルし、自宅で待機することにした」

私はこの「知人」の立場に身を置いてみて、一生悔やまれることだと想像する。報道は感染した状況について詳しく追及することはないだろう。だから、蒸し返して申し訳ないが、たぶん「あの時、ああしていれば」と思い当たることは多いのではないか。でも（他人事だから言えるのだが）やはりこの人を責めることはできない。普通の気持ちで、普通に行動していただけで、悪気があったわけではない。それがこんな事態に至ってしまった。だからこそ、4章で語った「想像力」が必要なのである。

## ワクチン敗戦

自分の不勉強を痛感したのがワクチンの効果である。2021年7月中旬、高齢者への接種は4分の3に達した。「高齢者ワクチン接種終了 目標の7月末〝ほぼ達成できる〟総務相」（NHK NEW WEB 2021年7月13日）[*注8]によると、「新型コロナウイルスのワクチンの1回目の接種を受けた高齢者がおよそ76%となったことを踏まえ、武田総務大臣は、今月末までに希望する高齢者への接種を終えるという目標は達成できるという見通しを示しました」とのことである。

約1週間後の7月21日、トータルで見ると、日本のワクチン接種率は35・3％だが、アメリカは56・4％に達した。*注9 ロイターのサイト*注10では、アメリカの感染者数はピーク時の16％にまで激減している（とはいえ、一時はひと桁台にまで下がっていたが、2021年7月に入って以降、日々、微増し続けている）。

もちろんワクチンと感染者数の減少が「因果関係」なのか、単なる統計的「相関関係」なのかは私には判断できない。つまりワクチンが直接的な原因で感染者数が減っているのか、それとも、ワクチン接種率の向上と感染者数の減少は時間的に同時に起こっているものの、感染者数の減少は別の原因によって引き起こされたのかは、私にはわからないが、もしワクチンの接種によって感染者が減っているとしたら、ワクチンには絶大な効果があることになる。「山中伸弥による新型コロナウイルス情報発信」にある「ワクチンの有効性は？」*注11によると、「ファイザー社製ｍＲＮＡワクチンは大規模臨床試験により新型コロナウイルスの発症を95％抑えるという高い効果が示されました」とのことである。

山中さんは続けて「日本のデータとしては国立感染研が［2021年］5月10日に第1報を公表しました。ワクチンの先行接種を行った約110万人の医療従事者においてワクチン接種後の感染者の数を解析し、ワクチンの効果がまだ出現しないと考えられる1回目接種後0から13日目までに比べて、14日から27日目までにおいては約60%の、そして28日目以降（多くは2回目接種1週後以降）では、86%の効果があったとしています。査読を受けていないデータではありますが、日本でも高い効果が実証されつつあります」と説明する。

ちなみに、各国のワクチン接種率だが、同じ2021年7月21日の数字で、カナダ70・5%、イギリス68・3%、イタリア61%、ドイツ60%、フランス57・9%となっている。こう見ると、必ずしも接種率の向上が感染者数の減少につながっていないことがわかる。というのも、イギリスはアメリカより接種率は高いものの、上記のロイターのサイトでは（日本時間2021年7月23日正午過ぎにアップデートされたものを使用）、この日のイギリスの感染者数はピーク時の75%にまで戻り、少し遡るが7月16日には半年ぶりに1日の感染者が5万人を超えた。*注12

しかし、おおむね効果的であることがわかるのは、そのほかでは、カナダがピーク時の5%、ドイツがピーク時の5%、フランスがピーク時の22%にまで下がっているためである。そして4章で紹介した、1年前は修羅場だったイタリアはピーク時の10%にまで減らすことに成功した（フランスとイタリアは２０２１年7月に入ってから微増）。

ただし、フランスはその数日前（現地時間２０２１年7月19日）に「第４波」に入ったと言われており、[*注13] いずれにせよ、ワクチンに加えてマスクの着用や手洗い、それにソーシャルディスタンスの確保など、従来の感染対策を続ける必要はありそうだ。実際、デルタ株による感染拡大で、アメリカのＣＤＣが政策を変更している。ＮＨＫ（NHK NEW WEB ２０２１年7月28日）によると、「アメリカのＣＤＣ＝疾病対策センターは新型コロナウイルスワクチンの接種を完了した人も、感染が深刻な地域では屋内でのマスクの着用を推奨するという新たな指針を示しました。アメリカ政府はことし5月、接種を完了すれば原則マスクをつけなくてもよいとしていましたが、インドで確認された変異ウイルスの広がりを受けてわずか2か月で方針を転換しました[*注14]」とのことである。

実は、日本国内でも、ワクチンの効果が現れてきた。「ワクチン効果か 医療機関などクラスター３００件余り減[*注15]」（NHK NEWS WEB ２０２１年7月15日）によると、「新型コロナウイルスのワクチン接種が進むなか、ことし2月から始まった医療従事者への接種の効果で、医療機関などでのクラスターの発生件数が合わせて３００件余り減った可能性があるとする試算を京都大学の西浦博教授らのグループがまとめました」とのことである。

日本が出遅れた原因は何か。私自身、ワクチンについて勉強してこなかったことを恥じている。これほど効果があればワクチンでコロナを退治できたわけだから、ワクチンの開発と接種率の向上に努めていれば、現在の惨状は避けられたはずだ。自己反省から言えば、単純に（人のせいにするわけではないが）日本のメディアに頼り過ぎた。そして日本のメディアがワクチンの効果を過小評価していた気がする。そしてその原因は行政を含めた日本全体がワクチンを軽視していたことである。

２０２１年5月初めに日本経済新聞のワクチン敗戦に関する記事[＊注16]を読んでいたが、まだワクチンが行き渡らないために4回目の緊急事態宣言（２０２１年7月から9月）が出てしまい、さらにオリンピックと同時並行で感染者が爆発的に増加し、改めてその記事を思い出した。自戒を込めて、みなさんと一緒に読んで、再度、勉強したい。タイトルは「必然だったワクチン敗戦　不作為30年、民のはしご外す」（２０２１年5月9日）で、冒頭から「『ワクチン敗戦』の舞台裏をさぐると、副作用問題をめぐる国民の不信をぬぐえず、官の不作為に閉ざされた空白の30年が浮かび上がる」とドキッとする。

「１９８０年代まで水痘、日本脳炎、百日ぜきといった日本のワクチン技術は高く、米国などに技術供与していた。新しいワクチンや技術の開発がほぼ途絶えるまで衰退したのは、予防接種の副作用訴訟で92年、東京高裁が国に賠償を命じる判決を出してからだ。

このとき『被害者救済に広く道を開いた画期的な判決』との世論が広がり、国は上告を断念した。94年に予防接種法が改正されて接種は『努力義務』となり、副作用を恐れる保護者の判断などで接種率はみるみる下がっていった。

さらに薬害エイズ事件が影を落とす。ワクチンと同じ『生物製剤』である血液製剤をめぐり事件当時の厚生省生物製剤課長が96年に逮捕され、業務上過失致死罪で有罪判決を受けた。責任追及は当然だったが、同省内部では『何かあったら我々が詰め腹を切らされ、政治家は責任を取らない』（元職員）と不作為の口実にされた。

いまや欧米で開発されたワクチンを数年から10年以上も遅れて国内承認する『ワクチン・ギャップ』が常態となった。国内で高齢者への接種が始まったファイザーのワクチンは厚労相が『特例承認』したものだが、これは海外ワクチンにだけ適用される手続きだ」

私の不勉強を前提に、少しだけ人のせいにするならば、以上のような背景で、行政もマスコミもワクチンを過小評価していたのではないか。ニュースでは、すでに2020年春から各国でワクチン開発が始まっていたことは、日本でも報じられていた。しかしそれに効果があるのか、さらには副作用があるのではないかということが、私の心のなかに強い印象として残っている。それは今回の報道だけでなく、長年のメディア情報がワクチンを過小評価する方向に傾いていたからではないだろうか。

そしてそれは、だれの責任でもないと思う。日本経済新聞が採り上げた「何かあったら我々が詰め腹を切らされ、政治家は責任を取らない」という旧厚生省の元職員の発言が示しているように、責任を負わされる可能性があるならば、最初から手を出さないだろう。これが行政の基本的スタンスならば、メディアがワクチンを高く評価してこなかったのも仕方のないことだし、これに関してマスコミを責めることはできない。

ここで詳しい説明はしないが、私は『ロールズ正義論入門』という本を書いているほどのロールズの信奉者である。「全体」が利益を得るために「少数」を犠牲にしてはならないというロールズの思想は正しいと思う。ワクチンによる薬害で裁判所が国の責任を認めたことは画期的な判決だし、それで被害に遭われた方々が救済されたのは当然のことだし、よかった。

しかし少数を救うことで、後々、社会全体への「効用」が下がることも現実である。薬害訴訟で被害者の方々を救済したことによって、行政がワクチン開発に及び腰になったことは責められない。とはいえ、これによって、コロナ禍において救世主になるはずだったワクチンで後塵を拝することになったのは、悲しい副産物であった。

私は理念としては少数を犠牲にして全体の効用を挙げるという思想は間違っていると信じるが、世の現実として、全体の効用を優先する思想の否定は無理だと思っている。ひとりひとりの効用、つまり満足度を点数化できるとして、その合計点を最大にする政策を正しいとする理念を「功利主義」と名づけるならば、私は功利主義を批判するロールズの側に立つけれども、それでも功利主義を退けることはできないし、現実社会では功利主義のほうが勝つだろうということもわかっている。

いまさらながら、薬害の被害者を救済することと、ワクチンの開発を進めることが両立できなかったのかと悔やまれるが、薬害被害者を蔑ろにするわけではないけれども、後々の多くの命を救うワクチンの開発についても考慮すべきなのかもしれない（たとえば賠償はするけど、行政の責任は問わないとか）。ロールズの思想は大切にしつつ、どこかで功利主義に依拠する必要もあるだろう。

NHKでもワクチン敗戦を扱っているが、そのなかの一節は簡潔で「なるほど」と思わせた。2回シリーズで、タイトルは「ワクチン接種 なぜ日本は遅い？【後編】」（2021年5月14日）は冒頭、次のような話から始まる。*注17

「どうして日本のワクチン接種は遅れているのか。

これに対して取材の中で多くの専門家があげた答えがこちらです。

『国内で作れていないから』

国産ワクチンができていればもっと接種が進んでいた。

当たり前と言えば、当たり前かもしれません。しかし、その背景には実に大きな課題が横たわっています」

東京大学の先生は述べる。「ワクチン開発に対して欧米では2020年初頭には数兆円の予算がつぎ込まれましたが、同じ頃、日本では100億円規模でした。開発の進捗状況はその差が出たと考えています。海外では、国を挙げたバックアップ体制のもと、開発に必要な手続きを簡略化し、臨床試験を行う施設の確保や工場の確保など国が大きく関わってきました。さらに規制当局は開発段階から審査を並行して進めることでスピードアップを図ってきました。しかし日本は『平時対応』だったのです」

別の東大の先生は「日本ではもともと国民の間に『ワクチン忌避』が根強くあります。さらにメディアもそれをあおるような報道をしてきました。その結果、外国と比べてもワクチンに対してかなり慎重な体制が作られてきたのだと思います」と説明する。

さらに厚労省元幹部は「過去のワクチン接種の健康被害に対する批判もあって、この数十年間、国民のワクチン忌避が強まる傾向がありました。訴訟のリスクが高い一方で、温度管理や保存できる期限の短さを考えると手間がかかるなど、開発するインセンティブが下がり撤退した企業もあります。海外に比べて、人材面でも技術面でも国内メーカーの体力は弱くなっていると感じます」と話す。

ここまで行政と世間の意識が固定化すると、現在の状況は致し方なかったと感じる。仮にワクチン接種が2021年末まで大半に広がり、感染者数が激減すれば、おそらく「喉元過ぎれば熱さを忘れる」で、やはり同じようにワクチン開発に消極的な状況に戻るかもしれない。それほど「ワクチン忌避」は根深いと思われる。

## エリート社会の継続

本来、完璧な解決策は、ひとりひとりが少しの負担を分け合うことで、感染の拡大を防ぎ、ウイルスが弱毒化するのを待つことであった。しかし、いくら言っても群れることをやめないため、政府は不承不承、人が集まることを禁止するのではなく、人が集まる場所に「休業要請」して、人流を抑えようとしている。とはいえ、人が集まること自体を取り締まっているわけではないので、「店が開いていないなら、家で集まりましょう」と知人どうしでウイルスを拡散している。

ここに救世主のワクチンが登場。すでに多くの報道が伝えているように、ワクチンには発症や重症化を抑えると同時に、感染をも抑える効果があるため、もし人口の全体がワクチンを接種すれば、これでほぼ解決と言えるであろう（マスク・手洗い・三密回避はしばらく続ける必要はある）。あとは実際の接種をどう進めるかで、これは時間との闘いだが、光明が見えたことは確かである。

とはいえ、問題は「時間との闘い」だけではないようだ。というのも、2章や本章で何度も登場しているアメリカのCDC（疾病対策センター）によると（2021年7月中旬のアメリカでの感染拡大を受けて）「感染したり入院したりする人のほとんどがワクチンの接種を終えていない人」*注18とのことである。しかしその一方、国際医療福祉大学の調査で、ワクチン接種について「様子をみたい」という人が（日本の）20代・30代女性の約4割いることが明らかになった。*注19 ワクチン接種が進んで、高齢者の重症者は減っているものの、40代・50代の重症者が増えている状況では、若い世代の様子見は不安要素である（若者が親の世代にうつしてしまうから）。

とりあえず、理想的には全人口に接種したいが、一度にはできないから、どこからするか。重症化しやすい高齢者からだろう。どのルートを通じてか。先ほど紹介したＮＨＫの「ワクチン接種　なぜ日本は遅い？」の「前編」では、日本のワクチン接種の遅さをイギリスと比較して分析している。*注20 接種ロジスティクスの課題は、どこを患者とのインターフェースにするかである。つまり注射の針と一般国民が出会う場所をどこにするかという問いだ。

イギリスは国の政策として「ＧＰ」制度を採っている。ＧＰは「一般開業医」（general practitioner）のことだが、日本のように町の至る所に「何々医院」というのが個人で開業しているのではなく、全ＧＰが政府の健康保険制度であるＮＨＳ（National Health Service）に所属している。日本の一般開業医は「内科」「皮膚科」「眼科」「耳鼻科」のように特定の分野に絞った医療を提供しているが、イギリスのＧＰはひととおり全部の科を診療できるように訓練された、国の医療制度の門番の役割を果たしている。一般国民は必ず特定のＧＰに登録して、救急以外は、どんな場合でも、どんな病気でも、まず自分のＧＰに診てもらう。深刻ならＧＰが病院を紹介するので、ＧＰの見落としは重大な結果に至る。

いずれにせよ、全国民がどこかのGPに登録しているので（留学当時の、外国人である私も）、そのGPでワクチンを接種してもらえばよい。もともとからワクチン接種に向いている制度なのである。日本の場合は、国民ひとりひとりは、個人差はあるものの、特定の医院を「かかりつけ医」とは見ていない。風邪や腹痛なら内科に行くが、じん麻疹の場合は皮膚科に行く。内科が一番身近とはいえ、明確な契約を結んでいるわけではないので、時には別の内科を利用することもあり、医者と患者との関係は密接ではない。

このような日本の制度で、どこをインターフェースにするか——入り口を間違えると、接種は進まない。自治体が主体になっているものの、地域ごとにやり方が異なり、混乱も生じている。国家的プロジェクトだが、中央政府は方向性を示すだけで、運営は自治体に任せている。ただし、これについても批判するつもりはない。イギリスのような国家統括の医療制度ではなく、「日本はそういう制度になっている」としか言いようがないからだ。

とはいうものの、これも時間が解決してくれるだろう。いつかは流れに乗って、多くの人が接種できて、少しずつ接種対象の年齢が広がって、発症や重症化が抑えられるだけでなく、感染した人がウイルスをほかの人にうつすことも少なくなるから、感染者数自体も減っていく。私は用心深いから、それでもしばらくは（2022年の中頃くらいかな？）マスクを着用し続けると思うが、会食や合宿などを含めた日常は、来年前半から戻ってくるかもしれない。結局、5章でも引用した「アメリカのバイデン大統領は新型コロナウイルスの感染状況について『次のクリスマスまでには、かなり違う状況になっていると思う』と述べ、ワクチンの接種を進めることで、ことし12月ごろまでには事態の正常化に近づけたいという考えを示しました*注21」（NHK NEWS WEB 2021年2月17日）という報道が正しいということになるかもしれない。

少々乱暴な言い方をお許しいただければ、結局「ひとりひとりの行動」と言われつつ、大衆が言いつけを守らないために感染は拡大したが、それを防いだのは科学技術だったという結末になるようだ。そこに「ヒーロー」として登場したのがカタリン・カリコ博士である。私は恥ずかしながら2021年3月までこの話を知らなかった。

きっかけは無作為にコロナ関連のネットサーフィンをしていた時に見つけた毎日新聞の「テディベアに全財産しのばせ東欧から出国　ワクチン開発立役者*注22」という記事で、そこには「東西冷戦期の1985年、共産主義体制の東欧ハンガリーから、『鉄のカーテン』を越えて米国へ向かおうとする1人の女性がいた。全財産と呼べるのは、知人に車を売って得た現金を闇市で両替した約９００英ポンドだけ。当時は１００米ドルを超える外貨の持ち出しが禁じられていた／賭けに出た。エンジニアの夫、そして2歳の娘と一緒に出国する際、娘が抱いていたクマのぬいぐるみ『テディベア』に、この全財産をそっとしのばせた」とあった。

さらに引用すれば「無事出国し、渡米したこの女性こそ、新型コロナウイルスのワクチン開発の立役者の一人で生化学者のカタリン・カリコさん（66）＝米東部ペンシルベニア州在住＝だ。日本で最初に承認されたワクチンは『メッセンジャーＲＮＡ（ｍＲＮＡ）』と呼ばれる遺伝物質を使った新しい技術が生かされている。現在、ドイツのバイオ企業ビオンテックで上級副社長を務めるカリコさんは、このｍＲＮＡの研究を30年以上続ける現役の科学者だ」

ＮＨＫの記事（NHK NEW WEB ２０２1年5月27日）でも「〝革新的〟研究成果がコロナワクチン開発に 女性科学者の思い[＊注23]」として採り上げられ、カリコさんはインタビューで「物事が期待通りに進まない時でも周囲の声に振り回されず、自分ができることに集中してきた。私を『ヒーローだ』という人もいるが、本当のヒーローは私ではなく、医療従事者や清掃作業にあたる人たちなど感染のおそれがある最前線で働く人たちだ」と語っている。

記事によると「去年［２０２０年］３月、ビオンテックは以前から共同で研究していたアメリカの製薬大手ファイザーとｍＲＮＡを用いた新型コロナウイルスワクチンの開発を開始すると発表。臨床試験で95％という高い有効性を確認したとして世界を驚かせたあと、共同開発の発表からわずか９か月後の去年12月に一般の人へのワクチンの接種が開始。カリコ博士らの功績が世界に認められることになりました」

記事の最後に、カリコさんのペンシルバニア大学時代の同僚だった日本人研究者の言葉が引用されている。科学好きの私としては、ここがとくに強烈に印象に残っている。「彼女のような革新的な研究であっても助成金がもらえないケースがあるのだから、ノーベル賞級の成果だったとしても、人目につかないまま消えていったものがたくさんあると思う」

大衆がしでかした失態を少数のエリートが解決するというのが世の常であり、人類の法則なのかもしれない。社会階層や上下関係や貧富の格差を嫌う庶民みずからが動けば、わざわざエリートの出る幕をつくらずに済むのに、その帰結を理解せずに、目先の欲望から逃れられない。結果、感染は広がり続けるが、一部のとても頭のいい人たちが庶民には実現できない偉業を成し遂げ、あっさりと問題を解決してしまう。大衆みずからが格差をつくりだしているという構図は、大衆自身には知る由もない。

私はコロナ禍を機に、人類が大きく変わることを期待していた。ひどい言い方になるが、どこか「禍《わざわい》を転じて福と為す」になって欲しいと潜在的に思っていた（もちろん、死者・重症者が激減することを祈りつつ）。確かに、まだまだこれからも、日本では再び感染が爆発的に拡大するかもしれない。しかし今年から来年にかけて終息していくような気がしてきた。そして、正直、とても安堵としている。よかったと思っている。

ちなみに、前段落であえて「終息」としたのは、まだウイルスは世のなかに存在し、トイレに流れているわけでも、弱毒化しているわけでもないが、ワクチンによって全国民が抗体を持つようになれば、ウイルスが変化なく存在し続けていても、人体には無効力になるので、人間の行動で抑え込む「収束」ではなく、もう人体に被害を与えない状態の「終息」としていいと考えている。

まだワクチンが行き渡らず、とくに接種を受けていない40代から50代で重症者が増えている2021年夏から秋の時点では、楽観的過ぎる気もするが、私は科学技術の勝利だと見ている。先ほどの話に戻れば、コロナ禍において、人びとが目を覚まし、ひとりひとりが少しずつ負担を分かち合うことで、全体の効用を高めていく行動規範が確立されることを望んでいた。ひとりひとりが自覚して、応分の負担を受け入れることで、過度な権力の介入を許さずに、社会をいい方向に進めることができると、どこかで期待していた。コロナ禍がその契機になるものと、かすかに信じていた。

しかし少数の頭のいいエリートが超人的な能力を発揮し、新しい技術を開発して、課題を解決してくれた。これ自体は素晴らしいことだが、結局、人類はみずからの行動傾向を改善できないまま、新しい時代を迎える。コロナ禍が過ぎ去ることは、とても素晴らしいことだ。でも、ひとりひとりが自覚して、みずからの行動規範を鍛え上げていたら、少数を犠牲にして多数の幸福を実現する「功利主義」でも、少数の権利を守ることで後世の多数の効用を下げる「ロールズ正義論」でもない、完璧な社会が誕生したはずだった。

むしろ、こう言ったほうがいいかもしれない。「功利主義」対「ロールズ正義論」という「政治」哲学的な議論を無意味にし、無効にし、超越するような新しい〈倫理学〉が現れたかもしれなかった。今回は人類が、政治という権力を伴う問答無用のトップダウン的意思決定から逃れられる絶好のチャンスだったが、それをあっけなく手放してしまった。人類は今後も少数の優秀なエリートに依存して生きていくのだろう。

＊注1　https://www3.nhk.or.jp/news/html/20210528/k10013056501000.html

＊注2　https://www3.nhk.or.jp/news/special/coronavirus/testimony/

＊注3　https://www3.nhk.or.jp/news/html/20210514/k10013030051000.html

＊注4　https://www3.nhk.or.jp/news/html/20210513/k10013029001000.html

＊注5　https://www3.nhk.or.jp/news/html/20210528/k10013053051000.html

＊注6　https://www3.nhk.or.jp/news/html/20210528/k10013054061000.html

＊注7　https://www.nhk.or.jp/politics/articles/feature/62801.html

＊注8　https://www3.nhk.or.jp/news/html/20210713/k10013136521000.html

＊注9　https://web.sapmed.ac.jp/canmol/coronavirus/vaccine.html?a=1

＊注10　https://graphics.reuters.com/world-coronavirus-tracker-and-maps/ja/
なお、9と10のサイトは、日々、アップデートされており、2021年7月23日の数字を本文に入れたが（9のほうは2日前の集計が掲示されるため7月21日）、実際にアクセスされた方がいらっしゃれば、当然、本文中とは異なった数字になっているはずである。

＊注11　https://www.covid19-yamanaka.com/cont5/37.html

＊注12　https://www3.nhk.or.jp/news/html/20210717/k10013144191000.html
＊注13　https://www3.nhk.or.jp/news/html/20210720/k10013148811000.html
＊注14　https://www3.nhk.or.jp/news/html/20210728/k10013164641000.html
＊注15　https://www3.nhk.or.jp/news/html/20210715/k10013140741000.html
＊注16　https://www.nikkei.com/article/DGXZQODL024HX0S1A400C2000000/
＊注17　https://www3.nhk.or.jp/news/html/20210514/k10013026081000.html
＊注18　https://www3.nhk.or.jp/news/html/20210720/k10013148781000.html
＊注19　https://www3.nhk.or.jp/news/html/20210720/k10013148351000.html
＊注20　https://www3.nhk.or.jp/news/html/20210513/k10013026071000.html
＊注21　https://www3.nhk.or.jp/news/html/20210217/k10012872461000.html
＊注22　https://mainichi.jp/articles/20210311/k00/00m/030/187000c
＊注23　https://www3.nhk.or.jp/news/html/20210527/k10013054171000.html

**著者**
**森田浩之**（もりた・ひろゆき）
東日本国際大学客員教授
1966年生まれ。
1991年、慶應義塾大学文学部卒業。
1996年、同法学研究科政治学専攻博士課程単位取得。
1996年～1998年、ユニバーシティ・カレッジ・ロンドン哲学部留学。
著書
『情報社会のコスモロジー』（日本評論社 1994年）
『社会の形而上学』（日本評論社 1998年）
『小さな大国イギリス』（東洋経済新報社 1999年）
『ロールズ正義論入門』（論創社 2019年）

**コロナの倫理学**

---

2021年12月10日　初版第1刷印刷
2021年12月20日　初版第1刷発行

著　者　森田浩之
発行者　森下紀夫
発行所　論 創 社
東京都千代田区神田神保町2-23　北井ビル
tel. 03（3264）5254　fax. 03（3264）5232　web. https://www.ronso.co.jp/
振替口座　00160-1-155266
装幀／奥定泰之
印刷・製本／中央精版印刷　組版／ロン企画
ISBN978-4-8460-2107-8　

# ロールズ正義論入門

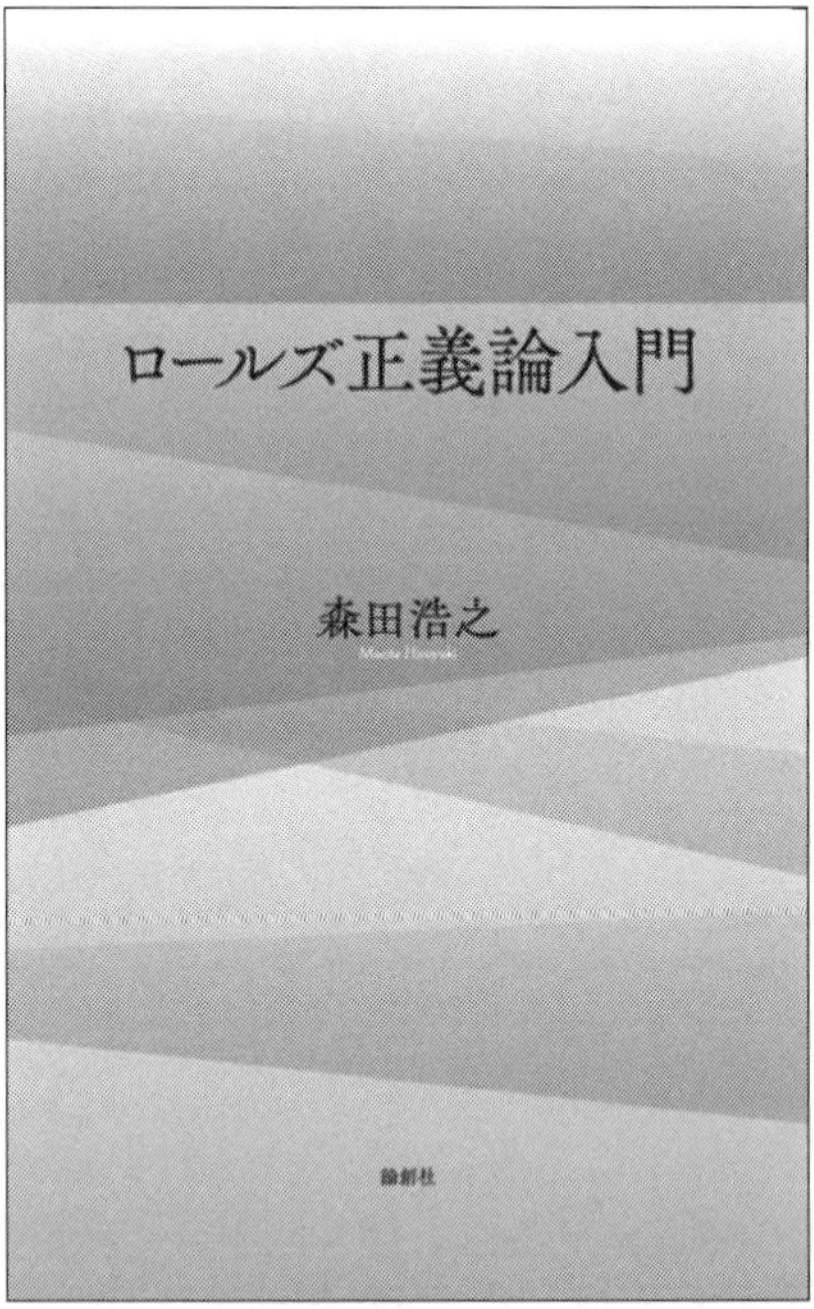


## ロールズ「正義論」解体新書！

1996年から2005年までロンドンに留学し、ロールズの「正義論」を学んだ著者が、幾多のエピソードを交えつつ、従来政治学や経済学の分野で議論されてきた「正義論」を哲学の視点で解読する。

森田浩之 著　本体2200円＋税　ISBN：978-4-8460-1784-2

# 第 1 弾

論創ノンフィクション 005

定点観測

## 新型コロナウイルスと私たちの社会

2020 年前半

森 達也 編著

定価：本体 1800 円＋税

【医療】斎藤環
【貧困】雨宮処凛
【女性】上野千鶴子
【労働】今野晴樹
【文学・論壇】斎藤美奈子
【ネット社会】ＣＤＢ
【社会】武田砂鉄
【哲学】仲正昌樹
【教育】前川喜平
【アメリカ】町山智浩
【経済】松尾匡
【東アジア】丸川哲史
【日本社会】宮台真司
【メディア】望月衣塑子
【日本社会】森達也
【ヘイト・差別】安田浩一
【難民】安田菜津紀

100 年に一度と言われる感染症の蔓延に、私たちの社会はどのように対応したのか、また対応しなかったのか。深刻な事態を風化させないために記録しよう、という共通の思いで、森達也のかけ声のもと、最強の論者たちが集結した。本企画では、コロナ禍の日本社会を定点観測する。まずは 2020 年の上半期を対象に、第 1 弾である本書を刊行。以降、2 年半にわたって観測を継続したい。コロナ禍における日本の動向を記憶するための必読書。